Peace of Mind
BIBLE
WORD SEARCH

THE HYMNS

Peace of Mind
BIBLE
WORD SEARCH
THE HYMNS

LINDA PETERS

Good Books®

New York, New York

Good Books books may be purchased in bulk at special discounts for sales promotion, corporate gifts, fund-raising, or educational purposes. Special editions can also be created to specifications. For details, contact the Special Sales Department, Good Books, 307 West 36th Street, 11th Floor, New York, NY 10018 or info@skyhorsepublishing.com.

Good Books is an imprint of Skyhorse Publishing, Inc.®, a Delaware corporation.

Visit our website at www.goodbooks.com.

10 9 8 7 6 5 4 3 2 1

Cover design by Tara Long
Cover image used with permission from Shutterstock.com
Puzzles made at puzzle-maker.com

Print ISBN: 978-1-68099-318-9

Printed in China

A Beautiful Life

```
R G D W X B N B E S T
H N N E H E D O N E Y
S E D I E E N D G T X
P D L D T D R N J W M
A L L P N T I E Q G N
N O S L I N E A R T H
Z G I Y E N S S R V M
R F K V A U G H C A E
E P E M N D J W J L V
```

Each day I'll do a *golden* *deed*,
By *helping* those who are in *need*;
My *life* on *earth* is but a *span*,
And so I'll do the *best* I can.

Life's *evening* *sun* is sinking low,
A few more *days* and I must go
To meet the deeds that I have *done*,
Where there will be no *setting* sun.

EACH	BEST
GOLDEN	EVENING
DEED	SUN
HELPING	DAYS
NEED	DONE
LIFE	WHERE
EARTH	SETTING
SPAN	

A Blessing in Prayer

```
S R E T S A M G K G
A E T V K Y N P D Y
V H S B I I C E V G
I T E R S E L R A T
O A R S N K C T E P
R F E O N R O E R M
Q L R I O N W A R E
B H R V I S Y A V N
T P A N J E E O Q T
S F G B R B L R L N
```

There is <u>rest</u>, <u>sweet</u> rest, at the <u>Master</u>'s feet,
There is <u>favor</u> now at the <u>mercy</u> seat,
For <u>atoning</u> blood has been <u>sprinkled</u> there;
always a <u>blessing</u>, a blessing in <u>prayer</u>.
There's a blessing in prayer, in believing prayer,
When our <u>Savior</u>'s name to the <u>throne</u> we <u>bear</u>;
Then a <u>Father</u>'s <u>love</u> will <u>receive</u> us there;
There is always a blessing, a blessing in
prayer.

REST
SWEET
MASTER
FAVOR
MERCY
ATONING
SPRINKLED
BLESSING

PRAYER
SAVIOR
THRONE
BEAR
FATHER
LOVE
RECEIVE

A Child's Evening Prayer

```
P D G R E B M U L S X B
W R L N G U A R D N X L
G E O I I S E I K S M T
E R A T H T Q E S O L C
E Y A R E C S E P H W Q
S L E C Y C N U C T R Q
U J T S I K T T R K T G
S J L T R O A E E T Y Y
E M D A I W U E D N J K
J Z D W L L P S P R R N
```

Jesus, wilt Thou <u>guard</u> the <u>slumber</u>
Of a <u>little</u> <u>child</u> like me?
Wilt Thou <u>watch</u> in <u>darkness</u> o'er me,
That <u>protected</u> I may be?

Yes, I know that Thou wilt <u>keep</u> me,
So I <u>close</u> my <u>weary</u> <u>eyes</u>;
<u>Trusting</u> Thee to guard my slumber
'Neath Thy <u>gracious</u>, shelt'ring <u>skies</u>.

JESUS
GUARD
SLUMBER
LITTLE
CHILD
WATCH
DARKNESS
PROTECTED

KEEP
CLOSE
WEARY
EYES
TRUSTING
GRACIOUS
SKIES

A Home in the Skies

```
P D D Y W E N M L J W R L
R L K W D R V M U Z T B L
E L E I E S M P D T J K P
V U B A G L L S E I K S L
E A N N S I L M H A N D S
R R O T F U P I B Z E D Q
O S U T O T R O N C Y G M
F E E T E L U E A G T T Z
J D M D P N D R S T W B X
G R V O D A G S O U L M Y
D N B J H P R P K B G R N
```

My soul is uplifted with rapture untold,
Tho' oft I am tempted and tried;
I think of a dwelling not made with hands,
Where pleasures forever abide.

I'm bound for a home in the skies,
O glory to Jesus my King;
The songs of the millions redeemed by His grace,
Forever and ever I'll sing.

SOUL	FOREVER
UPLIFTED	ABIDE
RAPTURE	BOUND
UNTOLD	HOME
TEMPTED	SKIES
DWELLING	SONGS
HANDS	GRACE
PLEASURES	

A Joyful Song

```
T H A N K F U L L Y G Y Z
E G E Q L Z A T M N V P Y
E C N C L U K T I R B L K
S L N I I G F T H L T Y Z
I Q G E S O S Y E E T M Y
A N A G D A J S O R R J M
R R T G L I S E A J B D R
P N H R O O V E R J R T K
L Y E B N D H O E C I O V
G V R G E V O L R L M X P
E W L X Y D Y R P P Q X V
```

A joyful song of praise we sing,
And thankfully we gather
To bless the love of God above,
Our everlasting Father.

In Him rejoice with heart and voice
Whose glory fadeth never,
Whose providence is our defense,
Who lives and loves for ever.

JOYFUL	GOD
SONG	EVERLASTING
PRAISE	FATHER
SING	REJOICE
THANKFULLY	HEART
GATHER	VOICE
BLESS	PROVIDENCE
LOVE	

A Mighty Fortress

```
F F K Y T H G I M S E E K
A G O R E P L E H J A D P
I N N R A M D D A N M R R
L L R I T W Z O C R D Q K
I Y L J L R L I O Y T J R
N M K A J I E U Q L M H B
G G D Q T N A S B N F Z W
E Y R F T R D V S N D J T
V Q A E J K O Z E E B J D
T R U V A V L M M R N L Y
C T Q A D T Y R D G P Y V
P X T J L L A J Z B J M R
```

A _mighty_ _fortress_ _is_ our God,
A _bulwark_ never _failing_;
Our _helper_ He, amid the _flood_
Of _mortal_ ills _prevailing_:
For still our _ancient_ foe
Doth _seek_ to work us woe;
His _craft_ and pow'r are _great_,
And, _armed_ with cruel hate,
On _earth_ is not His _equal_.

MIGHTY	ANCIENT
FORTRESS	SEEK
BULWARK	CRAFT
FAILING	GREAT
HELPER	ARMED
FLOOD	EARTH
MORTAL	EQUAL
PREVAILING	

Above the Clear Blue Sky

```
A N E D O B A C E Z M
L T E B N V L U B X T
L H P V Z E L G N I S
E G B R A B L G N I K
L I E R A E Y R W W T
U R L V G I H K T D D
I B R N O I S S S R T
A M A J G B O E V O L
L P B H R H A G S G Q
```

Above the clear blue sky,
In Heaven's bright abode,
The angel host on high
Sing praises to their God;
Alleluia! They love to sing
Alleluia! They love to sing
To God their king Alleluia!

ABOVE	HOST
CLEAR	HIGH
BLUE	SING
SKY	PRAISES
HEAVEN	ALLELUIA
BRIGHT	LOVE
ABODE	KING
ANGEL	

All My Heart

```
T S E T E E W S Z G
V C H R I S T S N D
O H Y R H Z E I N T
I O B E I C G I J L
C I A G I N G J E D
E R V O I H G G O B
S S J S T E N I X Y
W E R P J A E R N N
R A G G K R A P O G
F Y W Z T T R P B B
```

All my _heart_ this _night_ _rejoices_,
As I _hear_, _far_ and _near_,
Sweetest _angel_ voices;
"_Christ_ is _born_," their _choirs_ are _singing_,
Till the air ev'ry where
Now with _joy_ is _ringing_.

HEART	VOICES
NIGHT	CHRIST
REJOICES	BORN
HEAR	CHOIRS
FAR	SINGING
NEAR	JOY
SWEETEST	RINGING
ANGEL	

Always With Us

```
S V N J L P N S M V J G
T D D E T O S K R T O C
S R W P S E V S R L H X
E G J E N I A E D E T B
V G N D L V R E E S D S
R N A I I L N R R M Y V
A S J O P K I E Q A G F
H O R W Y A P N W L U R
B W T Q O S E L G T V Z
N I D O I R A R U Z M T
V N N H I N D R J G T L
J G W B P L E S R Y M Z
```

Always with us, always with us
Words of *cheer* and words of *love*;
Thus the *risen* *Savior* *whispers*,
From His *dwelling* place above.

With us when we *toil* in *sadness*,
Sowing much and *reaping* none,
Telling us that in the *future*
Golden *harvests* shall be won.

ALWAYS	TOIL
WORDS	SADNESS
CHEER	SOWING
LOVE	REAPING
RISEN	FUTURE
SAVIOR	GOLDEN
WHISPERS	HARVESTS
DWELLING	

Amazing Grace

```
D E V A S B L I N D B M
T R A E H S R A E F J Y
B G N I Z A M A N S N K
D E V E I L E R U Y T K
D J L L C T N O M S Q D
S N N I A A I H O U R S
W M U U E C R U N L K Q
E V G O E V N G O M L V
E H M R F D E S J J B J
T B P M R K T D J T N J
```

Amazing grace! How sweet the sound
That saved a wretch like me!
I once was lost, but now am found;
Was blind, but now I see.

'Twas grace that taught my heart to fear,
And grace my fears relieved;
How precious did that grace appear
The hour I first believed.

AMAZING	TAUGHT
GRACE	HEART
SWEET	FEARS
SOUND	RELIEVED
SAVED	PRECIOUS
LOST	HOUR
FOUND	BELIEVED
BLIND	

Be Still My Soul

```
P A T I E N T L Y N N
G R E D R O E L U O S
R Z T Y S D M D T Z V
I L H S I I R B E A R
E T E V S O D N X D W
F R O A L O I E T T B
Z R Z P V A R G O D Z
P Y R Q P E M C V Q R
```

Be still, my soul; the Lord is on thy side.
Bear patiently the cross of grief or pain;
Leave to thy God to order and provide.

STILL	CROSS
SOUL	GRIEF
LORD	PAIN
THY	LEAVE
SIDE	GOD
BEAR	ORDER
PATIENTLY	PROVIDE

Be Thou My Vision

```
T R D X T N T G M F M R B
R B W W M H N T A E R G V
M Y O P E I G T R A E H P
P O R R P L H U T L P Y D
N Y D E M E L H O Y G N R
J R E S R V G I W H T J L
D L T E I I I A N H T N R
S D H N L W K S G G V D T
X L G C Z I T U I L O R D
D Z I E N P A M K O L T Y
R R N G M N P T Z J N L R
```

Be thou my _vision_, O _Lord_ of my _heart_;
naught be all else to me, save that thou art—
thou my best _thought_, by day or by _night_;
waking or _sleeping_, thy _presence_ my _light_.

Be thou my _wisdom_, and thou my true _word_;
I ever with thee and thou with me, Lord.
Thou my _great_ _Father_; thine own may I be,
thou in me _dwelling_ and I one with thee.
vision

VISION	PRESENCE
LORD	LIGHT
HEART	WISDOM
NAUGHT	WORD
THOUGHT	GREAT
NIGHT	FATHER
WAKING	DWELLING
SLEEPING	

Be with Me Lord, Where'er I Go

```
W D Y Y R Y G B W Y R W
B Y T P D L G T J R E N
P Y Z Z R Q P R R A N Y
N R R L G W N D K W D N
W R E S T R E N G T H D
T O Y V T C E R I D R E
R S R J E S L T M M D X
O T E R S N Z M E I Z L
B H B G A L T D F A O D
R O D R G N W N Y R C L
A U L G X U O N D L M H
H Y T P T C S P M T G D
```

Be with me, <u>Lord</u>, where'er I go;
<u>Teach</u> me what <u>Thou</u> wouldst have me do;
<u>Suggest</u> whate'er I think or say;
<u>Direct</u> me in Thy <u>narrow</u> way.

<u>Prevent</u> me lest I <u>harbor</u> pride,
Lest I in my own <u>strength</u> <u>confide</u>;
Show me my <u>weakness</u>, let me see
I have my pow'r, my all, from Thee.

LORD	PREVENT
TEACH	HARBOR
THOU	STRENGTH
SUGGEST	CONFIDE
DIRECT	WEAKNESS
NARROW	

Beautiful Home

```
B W D L B Y M F Y M A
E S A H A P P Y R E R
A N D I P T Z Y S E W
U E T E T L I G H T E
T D H N M I K P B L Z
I R G W N E N E T J D
F U I O V V E G M E X
U B R R Q A D D V O R
L B B C R N O A E A H
P T J T A W S L E R M
Y D H L N G R W Z W N
```

Beautiful land of light, beautiful home so bright,
Waiting for all the saved over the sea;
Burdens we shall lay down, ever to wear a crown,
With the redeemed of earth, happy and free.

BEAUTIFUL	BURDENS
LAND	DOWN
LIGHT	WEAR
HOME	CROWN
BRIGHT	REDEEMED
WAITING	EARTH
SAVED	HAPPY
SEA	FREE

Behold the Saviour

```
Y L T B A C R O W N M Y R
D R B E K R Q B Z D M T M
J B M H P M R R P T X Q D
R P R O D V Q A Y W G V M
J U B L Z Y S D Y D X G Z
Y T O D J N R T N E L I S
M M E I R T S A L A D N E
D E R O V N K P V K T B T
D J H R R A R Y I L O S V
P T Q O N U S N L R A X K
X G D N P V G Z Y N Y C L
N A D J D P J T J L R D L
```

Behold the Saviour silent stand
Ere slain on Calvary!
A crown of thorns His brow adorns,
Yet King of heav'n is He!

In purple robe is He arrayed
Ere yet the deed is done;
And soldiers stand on ev'ry hand
To guard the Gentle One!

BEHOLD	ADORNS
SAVIOUR	KING
SILENT	PURPLE
STAND	ROBE
CALVARY	ARRAYED
CROWN	DEED
THORNS	

Blessed Assurance

```
E C N A R U S S A B N N
G R P Y Z R J T L O D L
B B D T R N K E I X G L
B L E S S E D T S N V G
S D R J K D A R I U L N
A W I B R V E S T O S J
V B E V L S I H R J Y R
I B H A I A P Y S R B G
O M S G R N J I O A N P
R T O P K R E T R O W Y
D D L G Y O S Q S I G W
L P J D T B D J Y J T B
```

Blessed assurance, Jesus is mine!
O what a foretaste of glory divine!
Heir of salvation, purchase of God,
Born of His Spirit, washed in His blood.

This is my story, this is my song,
Praising my Savior, all the day long;
This is my story, this is my song,
Praising my Savior, all the day long.

BLESSED	BORN
ASSURANCE	SPIRIT
JESUS	WASHED
GLORY	STORY
DIVINE	SONG
HEIR	PRAISING
SALVATION	SAVIOR
GOD	

Blessed Rock

```
J G B T W X L S R X X B Y
G J S M N L S B D E R O S
S A G T W E R J J X Z T J
L S R L L R T T P X Q M X
R K O P D I S M A Y E D B
D F L R T W Y J D Y P L Z
W E G Z C P M E P R A N T
H A D T R K T V S G T L
M R X B A C D B T D V C R
B F V E A L D R B L L J J
T U W E I D T R O I M T V
N L R W T W N T N C W V M
V T B X D D M G T N K R Y
```

'Mid the <u>wild</u> and <u>fearful</u> <u>blast</u>,
I have <u>reached</u> the <u>Rock</u> at <u>last</u>;
<u>Helpless</u>, <u>weak</u> and <u>sore</u> <u>dismayed</u>,
To the <u>cross</u> I'll <u>cling</u> for aid.

WILD	HELPLESS
FEARFUL	WEAK
BLAST	SORE
REACHED	DISMAYED
ROCK	CROSS
LAST	CLING

Bread of the World

```
K R N L D B T N Q S Z B J
J D B S N B R E A D N N L
N J Y M P E Z K B Z Y I R
S Y O Y D O K M D C Y R S
R H N R L B K O R C T D W
W B E R D R L E R P Y O Z
W D R D H V M E N B R P M
L L K T L X M E W L L Q L
K U A J M Y N N D O V Y D
R E O Z N Z X I Y W R A R
D T V S W N Q W R J E D T
V W D L J Y J L Q D R J S
```

Bread of the world, in mercy broken,
Wine of the soul, in mercy shed,
By whom the words of life were spoken,
And in whose death our sins are dead.

BREAD	SHED
WORLD	WHOM
MERCY	WORDS
BROKEN	SPOKEN
WINE	DEATH
SOUL	SINS
MERCY	DEAD

Child of the King

```
N G G T B W H T B D M Q D
S I L V E R T R K W J I D
Y C M V G N L F T I A M L
K H Z K M K A D A M N J J
B I J Y W E H O T K G M
P L N T B M W N A G H M Q
S D J T D D D H X N O E D
A R Q R R S O W S B D L R
V L I N U U L L M U R S D
I B P C S B W X A O S Y R
O V M E H Y I J W N J E P
R D S L D X D E P T D N J
W X Y N T B B D S D V S L
```

My Father is rich in houses and lands,
He holdeth the wealth of the world in His hands!
Of rubies and diamonds, of silver and gold,
His coffers are full, He has riches untold.

I'm a child of the King,
A child of the King;
With Jesus my Savior,
I'm a child of the King.

FATHER	DIAMONDS
RICH	SILVER
HOUSES	GOLD
LANDS	CHILD
WEALTH	KING
WORLD	JESUS
HANDS	SAVIOR
RUBIES	

Christ Is Precious

```
G T U N I N G S L L L Y V
P N M R T Q U O T L E A D
Y X I H Q O V S Y Z N R T
V A E W I E I Z M D D R T
J E W C O R N E V S J D Q
Z O E P H R L D W E S T Q
H R U C T O G E S U Y T Y
P E P R D R E U O A R M T
L X A Y N T S Y D M Y L T
L M G R E E O Z Z M P T W
A N T R T J Y M M K D Z M
```

O the *precious* *love* of *Jesus*,
Growing *sweeter* *day* by day,
Tuning all my *heart*, so *joyous*,
To a heav'nly *melody*.

Christ is precious, Christ is precious;
In life's *journey* He will *lead* *thee*;
Christ is precious, Christ is precious;
He will lead thee *all* the *way*.

PRECIOUS
LOVE
JESUS
GROWING
SWEETER
DAY
TUNING
HEART

JOYOUS
MELODY
CHRIST
JOURNEY
LEAD
THEE
ALL
WAY

Christ Liveth in Me

```
T J Q X R K B D G B R L
N T N L Z G R N Y T I L
S A L V A T I O N V I H
C M K W G B J W E G E T
N O T W O R D T H A H D
W W U S X V H T R G K Z
D O G L I Q N T I D B Y
S N D P D R Z L E Q V T
I Y U J N Y H A D Z D S
N B G O L K D C B R E B
N P W Z F Y V R R E X Q
```

Once far from God and dead in sin,
No light my heart could see;
But in God's Word the light I found,
Now Christ liveth in me.

Christ liveth in me,
Christ liveth in me,
Oh! What a salvation this,
That Christ liveth in me.

ONCE	SEE
FAR	WORD
GOD	LIGHT
DEAD	FOUND
SIN	CHRIST
LIGHT	LIVETH
HEART	SALVATION
COULD	

Christ Our Friend

```
D I E G N I P O O T S M
J Q W L J C B S Y A T S
Y O O S H L S M F Z M L
T R U R D E C R O S S Y
D H I R N L I L W B K L
H S R K N E R O Y G N J
T I A O N E N O L L M N
M E G D N D Y O W P N L
W W L H E E R B R Z Q B
M J G R Y Y X L B Q D W
```

Christ our Friend, Oh, what a wonder
Christ the Lord of worlds on high,
Stooping from His throne of glory,
On the cross for us to die.

Christ our Friend thro' all the journey,
In our weakness He our stay.

CHRIST	THRONE
FRIEND	GLORY
WONDER	CROSS
LORD	DIE
WORLDS	JOURNEY
HIGH	WEAKNESS
STOOPING	STAY

Christ's Love Is All I Need

```
R  H  B  W  Y  E  L  I  A  F
I  E  N  A  R  E  S  O  H  W
A  A  W  E  H  O  B  D  X  N
P  R  H  A  N  U  A  T  R  R
S  T  R  E  R  R  R  E  D  Y
E  D  F  D  K  R  V  X  N  D
D  I  E  D  R  E  A  R  Y  J
L  N  T  V  N  R  L  E  P  M
S  L  D  Q  O  J  N  T  B  M
B  G  V  V  K  L  N  R  X  J
```

Tho' dark and dreary be life's way
And burdens hard to bear;
There's One whose love will never fail,
My heart shall ne'er despair.

DARK	ONE
DREARY	WHOSE
LIFE	LOVE
WAY	NEVER
BURDENS	FAIL
HARD	HEART
BEAR	DESPAIR
THERE	

Close to Thee

```
E P D J T F W K L N L G J
V G O D Y T R N J B T T V
E N L R M E M I K L A W G
R O D M T Q N I E E Y M M
L L K H T I R R R N E Y M
A A O L Y O O Q U G D H R
S U L L I T Z N M O L L T
T D P V I T Q R V Q J I L
I E A M J F M M R W X E P
N S R J T M E V T M T R Z
G M N O N G N P B W R P M
K N D W M M N Y N B P N K
```

Thou, my everlasting portion,
More than friend or life to me;
All along my pilgrim journey,
Savior, let me walk with Thee.

THOU   PILGRIM
EVERLASTING   JOURNEY
PORTION   SAVIOR
MORE   LET
FRIEND   WALK
LIFE   THEE
ALONG

Dare to Be Brave

```
D M R S T H G I R V
W W Q D T H G I F B
C R Y M T R U E B T
A G O L T M I R Y S
P S P N E S A V I R
T E T R G V I N E P
A R D R E T A R Y V
I A A R O U T R H L
N D T E O N D B B C
R N P Y F L G W P D
```

Dare to be *brave*, dare to be *true*;
Strive for the *right*, for the *Lord* is with *you*;
Fight with *sin* *bravely*, fight and be *strong*;
Christ is your *captain*; *fear* only what's *wrong*.

DARE	SIN
BRAVE	BRAVELY
TRUE	STRONG
STRIVE	CHRIST
RIGHT	CAPTAIN
LORD	FEAR
YOU	WRONG
FIGHT	

Day by Day

```
T N E M W O T S E B
H M O M E N T D T B
T F G J T D H R A Y
G A Y N N R U C R Y
N T E I I S I R A T
E H F S T S O A E E
R E W I U W S E L E
T R N I Y A M A R S
S G R P S X C E P G
D N T T K E H Z Z D
```

Day by day and with each passing moment,
Strength I find to meet my trials here;
Trusting in my Father's wise bestowment,
I've no cause for worry or for fear.

DAY	HERE
EACH	TRUSTING
PASSING	FATHER
MOMENT	WISE
STRENGTH	BESTOWMENT
FIND	CAUSE
MEET	WORRY
TRIALS	

Deep Settled Peace

```
T  J  M  Q  N  R  H  L  T  P  B  N
T  G  S  L  C  E  O  L  D  E  E  P
H  S  X  E  A  R  E  V  D  Q  Q  W
G  M  I  R  T  N  O  E  A  S  V  N
U  E  T  N  K  T  T  S  A  F  R  Q
O  R  O  X  C  S  L  V  S  P  T  D
S  C  D  L  U  E  I  E  E  Q  T  Y
E  Y  U  R  M  O  L  A  D  M  T  M
B  O  T  I  R  P  C  D  L  L  X  G
S  Y  H  J  G  E  L  T  K  G  T  J
```

Since I knelt at the cross of my Savior
And besought Him my heart to control;
Since I trusted His mercy and favor,
There's a deep settled peace in my soul.

SINCE	TRUSTED
KNELT	MERCY
CROSS	FAVOR
SAVIOR	DEEP
BESOUGHT	SETTLED
HIM	PEACE
HEART	SOUL
CONTROL	

Do You Know the Song?

```
T N E H W M A X J G G L
H J A B P N E C H O E D
G K W B G Z S Q R N N D
I M O E O A P I D Q K M
N G L K N V E S O N G N
A S E G Y H E G G T Z X
Q V B W T C E X N Z B D
G K O L T N I A J A Z V
K N O A P D Y S R W R R
K N H J Q V R N U T D B
G T G N B Z M B V M H D
```

Do you <u>know</u> the <u>song</u> that the <u>angels</u>
   <u>sang</u>
On that <u>night</u> in the <u>long</u> <u>ago</u>?
When the heav'ns <u>above</u> with their <u>music</u>
   <u>rang</u>,
Till it <u>echoed</u> in the <u>earth</u> <u>below</u>?

KNOW	ABOVE
SONG	MUSIC
ANGELS	RANG
SANG	ECHOED
NIGHT	EARTH
LONG	BELOW
AGO	

Don't Let Your Light Burn Low

```
B T S K L E T Z N R L
L N D E R L Q L L L M N
E A D E R L I G H T P
S T H E G V O A M V Q
S S R O U W I W S L Q
I N D U O R N C E V L
N O Y U O R T F E N R
G C L O U Y I T N O D
R D J B U L R Y Y Z R
```

O _would_ _you_ be a _blessing_ _true_,
As on thro' _life_ _you_ go?
Be _constant_ in _God's_ _service_ _here_,
Don't _let_ your _light_ _burn_ _low_.

WOULD	GOD
YOU	SERVICE
BLESSING	HERE
TRUE	LET
LIFE	LIGHT
YOU	BURN
CONSTANT	LOW

Down in the Valley

```
S S E N D A L G G E J
G G Q T N E Y P N D J
N M N W N E H O A S W
I S E I L A E C U T Z
L H E L B M Y N A W H
L S A S O M L O H E S
E V P S O I I A U Y R
W K T E G R G L A B X
D W L H T S V W C Z G
J Z T A I S L T T D J
M L X P W A D T Y Y K
```

Are you _dwelling_ in the _sunlight_?
Is your _path_ with _roses_ strewn?
Do you _walk_ with _buoyant_ _gladness_
In the _steps_ that you have _hewn_?

Have you _reached_ the top of _Pisgah_,
Climbing _always_ firm and true?
Don't forget that in the _valley_
There is _someone_ needing you.

DWELLING	HEWN
SUNLIGHT	REACHED
PATH	PISGAH
ROSES	CLIMBING
WALK	ALWAYS
BUOYANT	VALLEY
GLADNESS	SOMEONE
STEPS	

Eternal Father, Strong to Save

```
S L V X P E O Z D D Y M
S I Y N V C R E N W K L
E M Y A E L T U R A E H
L I W A P N O D Q M K M
T T N G I B N N D P Q D
S S P O N M I G H T Y J
E P P E K O E L Y Y D J
R P E E R E R Z J B Y R
A V E E H I R T D G P N
X P V T D T L M S J W R
```

Eternal Father, <u>strong</u> to save,
Whose arm hath <u>bound</u> the <u>restless</u> <u>wave</u>,
Who bids the <u>mighty</u> <u>ocean</u> <u>deep</u>
Its own <u>appointed</u> <u>limits</u> <u>keep</u>:
O <u>hear</u> us when we cry to <u>Thee</u>
For those in <u>peril</u> on the sea.

STRONG
BOUND
RESTLESS
WAVE
MIGHTY
OCEAN
DEEP

APPOINTED
LIMITS
KEEP
HEAR
THEE
PERIL

Eternity

```
L R X W K G S T R V Y B M
J D M M N V O T S M X V N
T Y Z T E N G S A G M T B
K Y H W N T A B X Y N G V
T E T A B P E K R S T O N
N Q C R H R X R E G K T L
D J Z T D D J R N G N E L
T S R G G K U S P I R I T
G A P O B S E Z D E T I Q
E P E E A D N L H Y M Y Q
X S G E N P O W D E Y K L
T Q L M J D G T J L D W L
J P Z L N R R D D Y J X R
```

Where spend eternity
When earth is gone?
Where will my spirit be
As time goes on?
Earth's pleasures cannot stay,
Soon, soon they pass away,
Then comes the long, long day,
Eternity.

SPEND	GOES
ETERNITY	PLEASURES
EARTH	CANNOT
GONE	STAY
SPIRIT	PASS
TIME	LONG

Even Me

```
G N I S S E L B R V L Z L
R N G P G Y M Z Y A N P B
B B B K J Q E P X Z E T R
L J M N L Y R B V R H H T
Q O B B R V C R E I J T N
T X R Y Y K Y F R T L R B
L J J D L H R S A Y H M Q
F U L L J E T L K R J O B
B D D R S V D E B T E U
B M N H F B D R Z T E T R
V Z I A G A L X T R L L N
R N P M L B L T F M R R X
G W Y Z T L D L R J R Q D
```

Lord, I hear of show'rs of blessing
Thou art scatt'ring full and free;
Show'rs the thirsty land refreshing:
Let Thy mercy fall on me.

LORD	THIRSTY
HEAR	LAND
BLESSING	REFRESHING
THOU	LET
ART	THY
FULL	MERCY
FREE	FALL

Everybody's Friend

```
G R E A T S D R O W
S S E N D N I K Y D
S U O I C A R G D N
D H C I R L L N V D
S N B O A U E P L K
U M E Y N P O L M T
S T O I E O A H S L
E R H D R M G A T T
J X J Y S F H P N Q
```

Jesus, royal, heav'nly Friend,
On thy kindness we depend;
Rich and poor and great and small,
Thou has gracious words for all.

JESUS	POOR
ROYAL	GREAT
FRIEND	SMALL
THY	THOU
KINDNESS	GRACIOUS
DEPEND	WORDS
RICH	

Exalt the Lord, His Praise Proclaim

```
P X D Q N R R D T B E D B
R J Z Z Y N W N G X T Z K
O D P Y Y T A P A N D Y G
C Y E W L S R L R G B R D
L P C Q A S T E Q X Y R Y
A T U E L X E B A L O R D
I J L S M D M R M S R K H
M P I I B A N Z V R U U T
D Q A A Y T N A J A M R G
X T R R M B M M T B D E E
N Z G P T R D D L S O T Y
L P K V B M W Y V O R L S
N R X W M W P R G T T D M
```

Exalt the *Lord*, His *praise* *proclaim*;
All ye His *servants*, praise His *Name*,
Who in the Lord's house ever *stand*
And *humbly* serve at His command.
The Lord is *good*, His praise proclaim;
Since it is *pleasant*, praise His Name;
His people for His own He takes
And His *peculiar* *treasure* makes.

EXALT	STAND
LORD	HUMBLY
PRAISE	GOOD
PROCLAIM	PLEASANT
SERVANTS	PECULIAR
NAME	TREASURE

Fairest Lord Jesus

```
T Y R O L G Z N M L T X R
S E L L U O S Y X M L G H
E J R N L D P R O G M S X
R N O U T L U J O J I D Z
I S D T T L T D N R V V Z
A N Y L E A D P E W X P R
F T V R M Q N H Y N O R V
D L L R L Q C J M V T R D
B O R O N O H V E A D Y C
Y R T H O U G N K S N K L
B D J T P L Y K J K U R P
J W W M M R D R M B M S M
```

Fairest Lord Jesus! Ruler of all nature!
O Thou of God and man the Son!
Thee will I cherish, Thee will I honor,
Thou, my soul's glory, joy, and crown.

FAIREST	SON
LORD	CHERISH
JESUS	HONOR
RULER	SOUL
NATURE	GLORY
THOU	JOY
GOD	CROWN
MAN	

Far and Near

```
P S J V Z Z W V M S Q N L
G L E A M I N G U Q Z B J
R O R B T G G N R P R R L
D P N H G N N D T R K M Q
T E D E I Y D N W A Y V
P Y Q M A V B Y R P R F P
Y L E Z F R N I S E V A W
D E A G Z I P I T M R B Z
T K N I O E E T A P X P M
B B B Y N L T L X R Z T R
Y K G E R P D Q D L G K M
X N D M K B J T Y S V B T
```

Far and *near* the *fields* are *teeming*
With the *waves* of *ripened* *grain*;
Far and near their *gold* is *gleaming*
O'er the *sunny* *slope* and *plain*.

FAR	GRAIN
NEAR	GOLD
FIELDS	GLEAMING
TEEMING	SUNNY
WITH	SLOPE
WAVES	PLAIN
RIPENED	

Father of Heaven

```
L M B E X T E N D M
W O L E T H Y N F B
Z H V V F Z U A W F
E Z O E T O T R O K
Y N M S F H R U G E
L M O O E S N E V Q
B D R R S D L O D D
M P N V H N L U Y Y
U J J E Y T A W O T
H T R D B B L R T S
```

Father of heaven, whose love profound
A ransom for our souls hath found,
Before Thy throne we humbly bend;
To us Thy pard'ning love extend.

FATHER   THY

LOVE   THRONE

PROFOUND   HUMBLY

RANSOM   BEND

SOULS   LOVE

FOUND   EXTEND

BEFORE

Father, We Praise Thee

```
L A C T I V E E M N T Y Q
R U R P O G R N O B R N W
E Z F V R O M I R G L D D
H P E H F A T Z N N Y N J
T R R E C A I I T H G I N
A S B A T T G S R Y L W X
F T T I Y N A E E D M R D
R H D A I E F W K V J Q L
Y E J S N F R E R O D A T
M E R L O D R B Y L Y T R
```

Father, we praise Thee, now the night is over;
Active and watchful, stand we all before Thee;
Singing, we offer prayer and meditation:
Thus we adore Thee.

FATHER	STAND
PRAISE	BEFORE
THEE	SINGING
NIGHT	OFFER
OVER	PRAYER
ACTIVE	MEDITATION
WATCHFUL	ADORE

Following Him

```
P B G N I W O L L O F M
Y H I M B L L G N N T B
S A T W O L L O F T D B
J Y D H I D T L I G H T
E A A W R H D T D R T M
S R R W G O O Y I D N J
U T J I L N U G X Y Y K
S S N R N A H G E B G Y
D P D A Y T P B H J Y K
R B C T K V O M L M L N
```

Following Jesus day by day,
Following Him—His will obey,
Following Him, I cannot stray,
I'll follow Him all the way.

Following Him through all the night,
Following Him into the light,
Following Him, 'tis always right,
I'll follow Him all the way.

FOLLOWING	STRAY
JESUS	FOLLOW
DAY	THROUGH
HIM	NIGHT
WILL	LIGHT
OBEY	ALWAYS
CANNOT	RIGHT

For You and Me

```
T T E Y E M R T M I H
H A R N I A D L G J T
G H B G I W R N R J L
U T H O E V I T J L B
O T Y L V Z I H H D L
R L L D A E I D M P Y
B O K M N G O O D M L
Q V A O H G R I B B N
B E S K T F E Y L N R
```

O Love divine, amazing Love!
That brought to earth, from Heav'n above;
The Son of God, for us to die,
That we might dwell with Him on high.

LOVE	SON
DIVINE	GOD
AMAZING	DIE
BROUGHT	MIGHT
EARTH	DWELL
ABOVE	HIGH

Friendship with Jesus

```
J  D  L  U  O  H  S  Y  L  V  J  N  N  T
J  J  Y  W  R  G  P  B  X  R  B  T  B  K
T  L  Q  P  E  L  Z  M  L  L  G  K  L  S
N  Z  M  I  C  N  N  G  T  E  Z  Y  W  Y
P  L  N  H  M  O  I  W  R  V  S  E  Y  F
T  Q  N  S  W  D  M  M  N  Z  E  S  R  J
N  N  K  W  Y  X  Z  M  B  T  N  I  E  X
H  Y  T  O  V  D  V  L  U  M  E  L  T  D
K  A  N  L  N  D  I  V  I  N  E  Y  S  G
B  M  V  L  D  S  K  L  D  W  I  U  M  N
Y  P  Q  E  S  X  E  A  P  D  S  O  K  J
L  L  R  F  D  A  G  P  E  E  J  D  N  L
N  W  X  X  D  G  W  G  J  W  J  Q  L  G
```

A <u>friend</u> of <u>Jesus</u>, O what <u>bliss</u>
That one so <u>weak</u> as I
<u>Should</u> ever <u>have</u> a friend like this
To <u>lead</u> me to the <u>sky</u>.

Friendship with Jesus,
<u>Fellowship</u> <u>divine</u>;
O what <u>blessed</u> <u>sweet</u> <u>communion</u>,
Jesus is a friend of <u>mine</u>.

FRIEND	SKY
JESUS	FELLOWSHIP
BLISS	DIVINE
WEAK	BLESSED
SHOULD	SWEET
HAVE	COMMUNION
LEAD	MINE

From All Who Dwell below the Skies

```
E T O N G U E W W B B Y
G T S V N B O O T L J X
P N E Q J L R A D S J G
G A I R E D T R E P V J
L M K B N T T I D G Z J
L E S N E A C G T M J R
E J S N G R L R Q L Y T
W B D I E N U B A Y Q D
D S N M R T U N M O R F
B P W P H A D S X P G M
```

From all who _dwell_ below the _skies_,
Let the Creator's praise _arise_;
Let the Redeemer's _name_ be _sung_,
Through every _land_ by every _tongue_.

Eternal are thy _mercies_, Lord;
Eternal _truth_ _attends_ thy _word_.
Thy praise shall sound from shore to shore,
Till suns shall rise and set no more.

DWELL	TONGUE
SKIES	ETERNAL
ARISE	MERCIES
NAME	TRUTH
SUNG	ATTENDS
LAND	WORD

From Every Stormy Wind That Blows

```
M T Y L Y L R Y Q R J Y M
E G R Y N Z D Q G D Y J M
R G N Y M R O T S E O W N
C R Q I L G Z Y G D Y M Z
Y T H B L B G F Y B Z Z W
D T T R R L L D O Q M I Z
Y J A Q R E E R S U N Y P
R D E X N T T W S D N Y B
W Q N D Z Y O R S E Y D E
M Q E C A L M X E J A D R
Y O B Z B J R T Z A I T Y
Y R R R N L Y M M T T R K
R P T F T Q Y R T R R B K
```

From ev'ry <u>stormy</u> <u>wind</u> that <u>blows</u>,
From ev'ry <u>swelling</u> <u>tide</u> of <u>woes</u>,
There is a <u>calm</u>, a sure <u>retreat</u>:
'Tis <u>found</u> <u>beneath</u> the <u>mercy</u> <u>seat</u>.

STORMY	CALM
WIND	RETREAT
BLOWS	FOUND
SWELLING	BENEATH
TIDE	MERCY
WOES	SEAT

Gentle as Silence

```
E G B L L R H Q K R Y M L
C E D D S T R E N G T H Q
N N R E R G C B E A U T Y
E T E A S N I M N Y N Y R
L L E V E S O V T I D E Y
I E L S O M E E E M Q M L
S L S O E L D L H N Z Q K
B E O N R I Y O B D L X Q
Q B T V S D U N R J N G B
Z P T P E R R X D Q R R T
```

Oh, the love of my _Lord_ is the _essence_
Of all that I _love_ here on _earth_.
All the _beauty_ I see, He has _given_ to me,
And His giving is _gentle_ as _silence_.

Every day, every _hour_, every _moment_,
Have been _blessed_ by the _strength_ of His _love_.
At the turn of each _tide_, He is there at my _side_,
And His touch is as gentle as silence.

LORD	HOUR
ESSENCE	MOMENT
LOVE	BLESSED
EARTH	STRENGTH
BEAUTY	LOVE
GIVEN	TIDE
GENTLE	SIDE
SILENCE	

Give Me Thy Heart

```
G R A T E F U L L Y D M
P E V O L T R Y Q W I B
R T D F A T H E R H J Q
E R T S Y K N L T M T R
C Y E T R X R S N B B S
I K V V L E U R E P O G
O Z I W E R P V D F R G
U H G W T R O S T K I Q
S D E V A B E L I F Z N
B N P A A R Y H T H R J
P V T R R J T W W R W N
P J P W Z T N B Y K L M
```

"Give Me thy heart," says the Father above,
No gift so precious to Him as our love,
Softly He whispers wherever thou art,
"Gratefully trust Me, and give Me thy
heart."

GIVE	LOVE
HEART	SOFTLY
FATHER	WHISPERS
ABOVE	WHEREVER
GIFT	ART
PRECIOUS	GRATEFULLY
HIM	TRUST

Glory and Honor

```
A D B Z G G T D E M Y T N
M C Y S M N J D R A N Y Z
A D K O R J I E D X R Z T
T L R N N A J R Q L S T G
C R P G O O I S J E L N H
H O Y S I W E S C E I D S
L W M C T S L I E K V A D
E P E M I E O E T X V O R
S S J A G V R S D I Y L L
S W R N M D I D O G P D L
R P A W N R N R J R E Y N
L Q Y Q H Y Y J X Z V X P
P B L C B J Q Q R X N K M
```

Raise we our voices, the whole world rejoices,
In Christ the King,
Tell we the love of the Savior above
In the songs we sing;
Angels adore Him, acknowledge before Him
His matchless worth,
Jesus is King, and His praises shall ring,
Over all the earth.

RAISE	SONGS
VOICES	ANGELS
WORLD	ACKNOWLEDGE
REJOICES	MATCHLESS
CHRIST	PRAISES
KING	RING
LOVE	EARTH
SAVIOR	

God Be in My Head

```
G N I D N A T S R E D N U
N D W G R K T E D G Y R N
I M A N N R N E N Z M N V
K O P E A I P I D D V L L
A U T E H A K Y J M P Q D
E T H B R N M O L J B J X
P H Y T I E I G O X P V K
S L I H X Y N G R L Y Y Z
P N T J D E E P B D Q B V
G D O G T S D N L G Y Y D
```

God be in my head, and in my
  understanding;
God be in _mine eyes_, and in my _looking_;
God be in my _mouth_, and in my _speaking_;
God be in my _heart_, and in my _thinking_;
God be at mine _end_, and at my _departing_.

GOD	MOUTH
HEAD	SPEAKING
UNDERSTANDING	HEART
MINE	THINKING
EYES	END
LOOKING	DEPARTING

God Be With You

```
S H E E P N B D Y D R R B
R T N Z G D H S P M L X D
K Z D V R G E I Z M B O V
C Z D X M C O T S T V D F
D O B L U E I D N H T G Y
R E U R O L E E I J T G K
Z J E N L H D T A Q L I Z
D L R Y S I P K G J Y P W
Y Y T B U E V U A X Q O Z
X B X G N V L R T D T Y U
L Y M L X T R S L T B X K
```

God be with you till we meet again;
By His counsels guide, uphold you,
With His sheep securely fold you;
God be with you till we meet again.

GOD	GUIDE
WITH	UPHOLD
YOU	HIS
MEET	SHEEP
AGAIN	SECURELY
COUNSELS	FOLD

God Is Love

```
C D X W R E E Y J P D S T
I R N Z K A J L Q Q E O P
S N Z A C R D J E S I N G
U E S H L Q Y N I T J W N
M N A W L D M A Q Y P L D
U P R R K T R A W A K E H
E N X R T P Q Y C A B E L
V L I J L H K O N B A D S
O X L T T G M D S R G O T
L W M D E E N Y T W U B Z
Q Z M Y W D M I N L E B W
R D Z Q K G P V R N X E X
G K Q R Z D Z B Y B Q Y T
```

Come, let us all unite to sing, God is love;
Let heav'n and earth their praises bring,
God is love; Let ev'ry soul from sin awake,
Each in his heart sweet music make,
And sing with us for Jesus' sake, for God
    is love.

COME	BRING
UNITE	SOUL
SING	AWAKE
GOD	HEART
LOVE	SWEET
EARTH	MUSIC
PRAISES	SAKE

God Leads Us Along

```
W S R N Y D Y S G D O G
O E J T E R E Z T V C D
L H G A N R A N R O L Z
F T R Y U S E E O Z R J
G A R T D R T L W K D M
T B S A D A G R E E N X
G A E L W A H R T X Y Y
P L I F G J L S R I C H
N H S W E E T O R N B M
C Y K Z X E R G N Y D P
P L N B P D T B J G Q Q
```

In _shady_, _green_ _pastures_, so _rich_ and so
   sweet,
God leads His _dear_ _children_ along;
Where the _water_'s cool flow _bathes_ the
   weary one's _feet_,
God _leads_ His dear children _along_.

SHADY	WATER
GREEN	BATHES
PASTURES	WEARY
RICH	FEET
SWEET	GOD
DEAR	LEADS
CHILDREN	ALONG

Hail to the Brightness

```
B R G W O R R O S B
D R N B E G I N S L
A A I M O R N I N G
R C N G L S Z I T R
K C R Y H I D R A H
N E U E O T I N U L
E N O N I U N S A H
S T M Y M G H E A L
S S O P B E N I S K
D J H B D T L R P S
```

Hail to the brightness of Zion's glad morning,
Joy to the lands that in darkness have lain!
Hushed be the accents of sorrow and mourning,
Zion in triumph begins her mild reign.

HAIL	HUSHED
BRIGHTNESS	ACCENTS
ZION	SORROW
MORNING	MOURNING
JOY	TRIUMPH
LANDS	BEGINS
DARKNESS	REIGN
LAIN	

Hark! the Herald Angels Sing

```
R M M N V D T N G T N Z L G
E E I D E N B L J A Z K J B
C H A L V W O T T L S L D L
O E L A H R B I X L P R N X
N L C R Y P O O E D J N W B
C H O E R N M G R O J B T Q
I T R H S P N U Y N N N B L
L E P K E A K F I M E R C Y
E B I A Y I U R B R D D T D
D E C P N L X N A T T W Z Q
S E L G X V Y V Z H N M G G
```

Hark! the *herald angels* sing
"*Glory* to the *newborn King!*
Peace on earth and *mercy* mild
God and sinners *reconciled.*"
Joyful, all ye *nations* rise
Join the *triumph* of the *skies*
With the angelic host *proclaim:*
"Christ is born in *Bethlehem.*"
Hark! the herald angels sing
"Glory to the newborn King!"

HARK	RECONCILED
HERALD	JOYFUL
ANGELS	NATIONS
GLORY	TRIUMPH
NEWBORN	SKIES
KING	PROCLAIM
PEACE	BETHLEHEM
MERCY	

Harvest Time

```
V E S I R A Y L T D B D W
H O Y L T Q O B E N J M Z
A G L B L N P D H A N D S
R A L U G A L K M V M W Z
V T E E N O C A S K N A R
E H R L F T S R H Q W N D
S E T N B T E E T S N Y B
T R E H E O R E I D B X D
R A Y R E E N T R Y T R G
R Z T R Q E G T L S Y W Y
```

Arise! the Master calls for thee, the
harvest days are here!
No longer sit with folded hands,
But gather, far and near.
The noble ranks of volunteers.

ARISE
MASTER
CALLS
THEE
HARVEST
HERE
LONGER
SIT

FOLDED
HANDS
GATHER
NEAR
NOBLE
RANKS
VOLUNTEERS

He Keeps Me Singing

```
M T V J T F L L Y K D L
E E R N E L L Y Y G I D
L E N A W I O W L F G G
O W R S T T B N E B Z N
D S L S I B Y F G S T W
Y Y D N E N L L U I H L
Z N A T E O G S K I N N
K M P C W W E I S T H G
E J A V W J G P N E P D
L E L J K O E T A G L R
P K G B R R N R Y B N Q
N D V P S P T K D Z L Z
```

There's within my <u>heart</u> a <u>melody</u>
<u>Jesus</u> <u>whispers</u> <u>sweet</u> and low,
<u>Fear</u> not, I am with thee, <u>peace</u>, be <u>still</u>,
In all of <u>life</u>'s <u>ebb</u> and <u>flow</u>.

Jesus, Jesus, Jesus,
Sweetest <u>name</u> I <u>know</u>,
Fills my every <u>longing</u>,
Keeps me <u>singing</u> as I go.

HEART	LIFE
MELODY	EBB
JESUS	FLOW
WHISPERS	NAME
SWEET	KNOW
FEAR	LONGING
PEACE	SINGING
STILL	

He Lives

```
Y C R E M M B H N H T V L
D A K W S C H E E R A D Q
J D D V Z A M Y V A D N X
R J N O L Z L J E Z R S D
O Y M D T C J V T F U T W
I M Y M H R K T A S I O Q
V Y G R I Q Z T E T R L K
A Y I S W P D J P R I L D
S S E Y D L R B A V I O M
T N M B R D N O V G M N
B G T O W Y K I I Y X D N
D W W Q D G C N K B Y B N
W L X Z R E G T T Y N N K
```

I serve a <u>risen</u> <u>Savior</u>, He's in the <u>world</u> today;
I know that He is <u>living</u> whatever men may say;
I see His <u>hand</u> of <u>mercy</u>, I hear His <u>voice</u> of <u>cheer</u>,
And just the time I need Him, He's always near.

He lives, He lives,
<u>Christ</u> <u>Jesus</u> lives <u>today</u>!
He walks with me and talks with me
Along <u>life</u>'s <u>narrow</u> way.
He lives, He lives,
<u>Salvation</u> to impart!
You ask me how I know He lives?
He lives within my <u>heart</u>.

RISEN
SAVIOR
WORLD
LIVING
HAND
MERCY
VOICE
CHEER

CHRIST
JESUS
TODAY
LIFE
NARROW
SALVATION
HEART

Heaven Is My Home

```
D S T R A N G E R W W
N T S A P R E V O I P
A N T R Y L Q R L I D
L E D E L R R D L W D
R V E G M O T G J N R
E A S N S P R N U D H
H E E A H I E O I A R
T H R D M T R S N W H
A L T A Y M R D T O N
F L G J Y M N A M V D
V E K M Y L V E E G T
```

I'm but a <u>stranger</u> here,
<u>Heaven</u> is my <u>home</u>;
<u>Earth</u> is a <u>desert</u> drear;
Heaven is my home:
<u>Danger</u> and <u>sorrow</u> stand
<u>Round</u> me on every <u>hand</u>;
Heaven is my <u>fatherland</u>,
Heaven is my home.

What though the <u>tempest</u> rage,
Heaven is my home;
Short is my <u>pilgrimage</u>,
Heaven is my home:
And time's <u>wild</u> <u>wintry</u> blast
Soon shall be <u>overpast</u>;
I shall reach home at last,
Heaven is my home.

STRANGER	HAND
HEAVEN	FATHERLAND
HOME	TEMPEST
EARTH	PILGRIMAGE
DESERT	WILD
DANGER	WINTRY
SORROW	OVERPAST
ROUND	

Heavenly Sunlight

```
S J E S U S P E E D
U W A L K I N G G S
N Y D F T R E Q N L
L O E H O S E I K E
I V E N I R A V N K
G E E M R T S I E S
H R O L N U V A A N
T R I U A I O I K M
P A O N D V D J R E
F M N T N Z T P D P
```

Walking in sunlight, all of my journey;
Over the mountains, thro' the deep vale;
Jesus has said, "I'll never forsake thee,
Promise divine that never can fail."

WALKING	SAID
SUNLIGHT	FORSAKE
JOURNEY	THEE
OVER	PROMISE
MOUNTAINS	DIVINE
DEEP	NEVER
VALE	FAIL
JESUS	

He Is So Precious to Me

```
T Y M Z X R V P E K M G B
P D E T I A W N D E N L V
A G Y R T B T Y N O J Y Z
T T E N D R R T L V O K T
I P R N A G R J A R Y R K
E R L N I E D I G N W M Z
N R C R A H N Z J L I D G
T E V T E J S T O O D A B
L Y E J M L L N B X I K R
Y D D P A D P D U N Q X L
R T T X H K J Z M S Y T P
B D G V S Q K T V L Z D J
```

He stood at my heart's door 'mid
*   sunshine and rain,*
And patiently waited an entrance to gain;
What shame that so long He entreated
*   in vain,*
For He is so precious to me.

STOOD	ENTRANCE
DOOR	GAIN
SUNSHINE	SHAME
RAIN	LONG
PATIENTLY	ENTREATED
WAITED	VAIN

Holy Is the Lord

```
Y M D R Y Y N L W N R
O T L D O B J O A D X
R Y A J E N Z M I L N
T E R Q J A H Z T Z S
S S E L H C T A M P K
E I H W T A Y H L I E
D A T A Y R N E N A M
D R W R O G N G R T R
J P O T N D D T E T L
M L S I O O H M P L Q
G N S R M N R W N Q S
```

Praise Him, praise Him! Shout aloud for joy,
Watchman of Zion, herald the story;
Sin and death His kingdom shall destroy;
All the earth shall sing of His glory;
Praise Him, ye angels, ye who behold Him,
Robed in His splendor, matchless, divine.

PRAISE

SHOUT

JOY

WATCHMAN

ZION

HERALD

STORY

DEATH

KINGDOM

DESTROY

EARTH

GLORY

ANGELS

Home, Sweet Home

```
S P L E N D O U R D V D
L S S I N G I N G E T R
N W S E R H A L L O W Z
Y E D W C K D S M A O R
S E R U S A E L P D C N
V T I W Z W L E E O R P
L L B Z H M L A T G E B
J Y L E R B R T P M L W
Y E R A M E A Y O G Y G
S E H U R G J H N L W N
Z C H J E Y D Y K P T G
```

'Mid <u>pleasures</u> and <u>palaces</u> though we may <u>roam</u>
Be it ever so <u>humble</u>, there's no place like home
A <u>charm</u> from the sky seems to <u>hallow</u> us there
Which, seek through the world, is ne'er met with
  <u>elsewhere</u>
Home, home, sweet, sweet home
There's no place like home, oh, there's no place like
  home

An exile from home, <u>splendour</u> <u>dazzles</u> in vain
Oh, give me my lowly thatched <u>cottage</u> again
The <u>birds</u> <u>singing</u> gayly, that come at my call
Give me them and the peace of mind, <u>dearer</u> than all
Home, home, sweet, <u>sweet</u> <u>home</u>
There's no place like home, oh, there's no place like
  home

PLEASURES	DAZZLES
PALACES	COTTAGE
ROAM	BIRDS
HUMBLE	SINGING
CHARM	DEARER
HALLOW	SWEET
ELSEWHERE	HOME
SPLENDOUR	

I Am Resolved

```
D R L E S E H T N R
A E H I W R H T E K
L G I N N G H S J S
L N G M I G O D G D
U O H L I L E N P N
R L E S V M I R O D
E D R E R H G B L J
D W D A T B L R D N
T Y H R Z E O J R K
J C X W R W L D V B
```

I am *resolved* no *longer* to *linger*,
Charmed by the *world's* *delight*;
Things that are *higher*, *things* that are
    nobler,
These have *allured* my *sight*.

RESOLVED	HIGHER
LONGER	THINGS
LINGER	NOBLER
CHARMED	THESE
WORLD	ALLURED
DELIGHT	SIGHT

I Am Sheltered in Thee

```
L J R S H A L L J D Y M
I R G E J X Z L Z D A R
A T P Y H B A R K O J R
R N M D L G N T F D Q J
F R R S Q S I Q Y V R K
L B E R T M W H Y E Q K
T N N V S O T O F G C Z
K V R A E H R U L O M P
B Q F W E R G M R L M Z
Z E T E P E O N S N I Z
Q K N D B J D F R J N B
```

I am <u>safe</u> in the <u>Rock</u> that is <u>higher</u> than I;
This my <u>refuge</u> thro' <u>storms</u> e'er <u>shall</u> be;
Tho' my <u>frail</u> <u>bark</u> is toss'd on the <u>billows</u>'
  mad <u>foam</u>,
Yet I'm sheltered <u>forever</u> in <u>Thee</u>.

SAFE	FRAIL
ROCK	BARK
HIGHER	BILLOWS
REFUGE	FOAM
STORMS	FOREVER
SHALL	THEE

I Heard the Voice of Jesus Say

```
Q U E N C H E D B Z
L I V I N G C B G D
M Y D E T S K O E Q
A R R Q C L U V M N
E A E E R I I S L E
R E S E S V O P E T
T W T D E T L V G J
S A I R A A Z L R E
W B N Q C E A T N Q
B T G E D D H O X Y
```

I heard the voice of Jesus say, "Come unto Me and rest;
Lay down, thou weary one, lay down thy head upon
My breast."
I came to Jesus as I was, weary and worn and sad;
I found in Him a resting place, and He has made me
glad.

I heard the voice of Jesus say, "Behold, I freely give
The living water; thirsty one, stoop down, and drink,
and live."
I came to Jesus, and I drank of that life-giving stream;
My thirst was quenched, my soul revived, and now I
live in Him.

VOICE
JESUS
COME
REST
WEARY
ONE
HEAD
RESTING

PLACE
GLAD
LIVING
WATER
STREAM
QUENCHED
REVIVED

I Love Thee

```
S K T E N G T E G P J
J A M U N K R V E R B
S A V I O O A R V N T
N D V I L H O E F Q B
L O N P O D T A W R M
L Y M A A U V I E R N
R I M Z H O R V W M Y
T H E E R Y O D N I K
J Y N B T L M M R D P
```

I love Thee, my Saviour, Thy Name I
  adore,
Thy kind loving favor I ever implore;
My weak hands without Thee no good
  work can do,
I pray Thee then, ever their strength to
  renew.

LOVE	LOVING
THEE	FAVOR
SAVIOUR	IMPLORE
NAME	WEAK
ADORE	HANDS
KIND	WITHOUT

I Need Thee Every Hour

```
D B K D P M T Z G P W J
D Q J Y L W O H D G Z M
J Q Z Z N Y B S E L L E
G R A C I O U S T E K L
D X E J M W P L Y I Z Y
V E N D G R J R L R D E
C O C Y N N N B D R N R
Y A I A J E N N O I H D
D Y N C E P T F H O R K
V Y G M E P F T U O Q O
T M P L X A X R L D N G
```

I need Thee ev'ry hour,
Most gracious Lord;
No tender voice like Thine
Can peace afford.

NEED	TENDER
THEE	VOICE
HOUR	LIKE
MOST	THINE
GRACIOUS	PEACE
LORD	AFFORD

I'll Live for Him

```
U O H T T Y D Y P K M B
K M F W V P E T W G L D
Y E T A R Y I T H O Y N
A V T Q I R D P V E L J
M E D W O T M E Y W E M
G R D I Q Z H B M A L Y
W I V O W J M F L I F E
Y A V V G H G Q U M J J
S D M E B K O X Q L D R
D L X Q W H R P Y Q B T
```

My <u>life</u>, my <u>love</u>, I <u>give</u> to <u>Thee</u>,
<u>Thou</u> <u>Lamb</u> of <u>God</u>,
Who <u>died</u> for me;
Oh, <u>may</u> I <u>ever</u> <u>faithful</u> be,
My <u>Savior</u> and my God!

LIFE	GOD
LOVE	DIED
GIVE	MAY
THEE	EVER
THOU	FAITHFUL
LAMB	SAVIOR

In the Morning of Joy

```
L A T R O M M I A R I S E D
T L S J M L W R R G L T W Z
V R Y E T Z M Y J T T L P D
E W U S I J N K M V E R E R
J N X M R K M D S G R S R L
Y K V J P O S O N O T D L G
N X L E L E D A R R U J L H
R E M O L L T N O N G N T N
N R K X N O Y Y E T I A D V
M T L A R G P Y J L E N J N
J M G T W G E E O D P L G G
M K M M D A Q R Y N R S V V
```

When the _trumpet_ shall _sound_,
And the dead shall _arise_,
And the _splendors_ immortal
Shall _envelope_ the _skies_,
When the _angel_ of _death_
Shall no _longer_ _destroy_,
And the dead shall _awaken_
In the _morning_ of joy.

TRUMPET	ANGEL
SOUND	DEATH
ARISE	LONGER
SPLENDORS	DESTROY
IMMORTAL	AWAKEN
ENVELOPE	MORNING
SKIES	JOY

Is Your Lamp Still Burning?

```
N L X T T G N T Q R R L V N
R N I Z Y Z B B B N A R Q V
M Z C G R B G J D N Z L X L
Q T X H H E V Q D J Q J Y R
M B R M E T R R K P N L T T
Y L T B M E B A B B T R R D
N K T V G B R E H C K T L Z
Q G K T E L N I E S S D D B
R V N A M I J F N I T F W B
M N R I G Y R Y R G A O E S
R E T H D E R H B I R A L K
R B T Y P I C Z R L C U R V
L E D L G V U E D O O A R T
D N R D L J R G N S D M N V
```

Are you <u>Christ's</u> <u>light</u> <u>bearer</u>?
Of His joy a <u>sharer</u>?
Is this <u>dark</u> <u>world</u> <u>fairer</u>
For your <u>cheering</u> ray;
Is your <u>beacon</u> lighted,
<u>Guiding</u> <u>souls</u> <u>benighted</u>
To the <u>land</u> of <u>perfect</u> day?

CHRIST	CHEERING
LIGHT	BEACON
BEARER	GUIDING
SHARER	SOULS
DARK	BENIGHTED
WORLD	LAND
FAIRER	PERFECT

Jesus Calls Us

```
G N Y L O X W D S Q D L
N K A U Q C A S V D R T
I H R I A Y E D M Z W Q
Y T T L T L T L U M U T
A S L E T S P N F Q D T
S S U S D T I O D V T L
D L E S E N L R O V J L
L R I E E L U I H S W B
I R W F O J C O E C T Z
W S K W E E B A S D M R
```

*Jesus calls us: ov'r the tumult
Of our life's wild restless sea,
Day by day His sweet voice soundeth,
Saying, "Christian, follow Me."*

JESUS	DAY
CALLS	SWEET
TUMULT	VOICE
OUR	SOUNDETH
LIFE	SAYING
WILD	CHRISTIAN
RESTLESS	FOLLOW
SEA	

Jesus Saves

```
C Q Q Q J C N E W S M
R B L E L Z L D G T B
O M S I D J N N G P G
S U M N L A I D N A L
S B D D M D E Z D Y R
L R S M I N H R Y Z N
S U O T Y S A E P V G
E C F N E W O R A S N
V B N Y N E A U N R R
A W J O O E P Q N Y D
W Q B Y B J D S J D G
```

We have <u>heard</u> the <u>joyful</u> <u>sound</u>:
<u>Jesus</u> saves! Jesus saves!
<u>Spread</u> the <u>tidings</u> all around:
Jesus saves! Jesus saves!
<u>Bear</u> the <u>news</u> to ev'ry <u>land</u>,
<u>Climb</u> the <u>steeps</u> and <u>cross</u> the <u>waves</u>;
<u>Onward</u>! 'tis our Lord's <u>command</u>:
Jesus saves! Jesus saves!

HEARD
JOYFUL
SOUND
JESUS
SPREAD
TIDINGS
BEAR
NEWS

LAND
CLIMB
STEEPS
CROSS
WAVES
ONWARD
COMMAND

Joy Unspeakable

```
N H N N K R W P J Y P M
E A T Q Q R N H Q Y M Q
E V N S U P P L I E T H
R E S J Z J D C R L E G
F D R I E K O R N C E M
M Y N S T M J Y A E Y N
P Q U U P D D R T I E T
V S L L O J G N N M B D
M S E Y L F T D P D M W
M T A T Q E E A M Y M Z
E L R N E E L B L B L G
R Z N F D B X J T L D M
```

I have <u>found</u> His <u>grace</u> is all <u>complete</u>,
He <u>supplieth</u> ev'ry <u>need</u>;
While I <u>sit</u> and <u>learn</u> at <u>Jesus'</u> <u>feet</u>,
I am <u>free</u>, yes, free <u>indeed</u>.

FOUND	LEARN
GRACE	JESUS
COMPLETE	FEET
SUPPLIETH	FREE
NEED	YES
WHILE	INDEED
SIT	

Just As I Am

```
W A I T I N G S L Q L W
N I H T I W H D F A R Z
P D B V C E T I O R M V
L W Y T D I G E M O C B
E N E G Q H L D M D L T
A F P S T R E F V L G B
D M E I N S M W N P Q L
V B N A S A G Y D O Y L
Q G T O R O E O L S C L
S W T Q D S U L O L K L
Q R X Z M B L U C R B X
T Z R D T B L B T B T P
```

Just as I am, without one _plea_,
but that thy _blood_ was _shed_ for me,
and that thou bidd'st me come to thee,
O _Lamb_ of _God_, I come, I come.

Just as I am, and _waiting_ not
to rid my _soul_ of one dark blot,
to thee, whose blood can _cleanse_ each spot,
O Lamb of God, I _come_, I come.

Just as I am, though _tossed_ about
with many a _conflict_, many a _doubt_,
fightings and _fears_ _within_, without,
O Lamb of God, I come, I come.

PLEA
BLOOD
SHED
LAMB
GOD
WAITING
SOUL
CLEANSE

COME
TOSSED
CONFLICT
DOUBT
FIGHTINGS
FEARS
WITHIN

Just to Know

```
S E P A R A T E M A
N S J T L Z L X B R
T O E E S H A L L B
A R T N S G E D V J
E L N H R U E V O L
R M S R I E S D P L
G K E I K N D Q P J
B V V N H Z G N U T
E B O W B P Y S E G
P W L K D D T E M T
```

Just to know that Jesus loves me
With a tenderness so great;
Nothing ever shall be able,
From His love to separate.

JUST	NOTHING
KNOW	EVER
JESUS	SHALL
LOVES	ABLE
ME	HIS
TENDERNESS	LOVE
GREAT	SEPARATE

Kneel at the Cross

```
R  L  B  T  D  J  N  J  L  M  V  W  Q
N  P  E  H  N  Z  N  W  B  E  I  Y  T
I  N  T  E  R  C  E  D  E  S  A  H  N
N  Q  W  R  N  H  B  Z  R  T  V  W
Y  I  J  E  A  K  R  R  C  F  A  R  E
B  J  G  M  E  E  T  R  I  K  D  C  M
X  R  J  E  M  L  O  L  R  S  L  M  Z
V  W  D  E  B  S  W  Q  Z  L  T  G  X
M  D  T  C  S  N  Q  M  B  V  J  L  D
M  Z  B  I  N  Y  G  Z  M  M  T  J  T
L  D  J  O  D  T  Q  B  X  X  M  Q  J
W  N  Y  V  J  Y  Z  W  J  Y  X  Y  R
```

Kneel at the cross,
Christ will meet you there,
He intercedes for you;
Lift up your voice,
Leave with Him your care
And begin life anew.

KNEEL

CROSS

CHRIST

MEET

THERE

INTERCEDES

LIFT

VOICE

LEAVE

HIM

CARE

BEGIN

ANEW

Know, My Soul, Thy Full Salvation

```
G L K Y R T B D Q N L M X
N W R D N Y L S L L E W D
I E K J T J T Z S I T L M
H L N N O I T A T S H N L
T Y O I R D L R J Q T C J
E J W I P V M Y B F Y Z R
M L P M A E G W A R K S K
O S U T Z V R T I G E N N
S F I O Q V H S C L J B Y
X O E X S E E R I A E X J
N T V A R W Y M M A R Q Z
T Q Z P R Y S G R B P E K
```

Know, my soul, thy full salvation,
Rise o'er sin, and fear, and care;
Joy to find, in ev'ry station,
Something still to do or bear;
Think what Spirit dwells within thee,
Think what Father's smiles are thine,
Think that Jesus died to win thee;
Child of heav'n canst thou repine?

KNOW	BEAR
SOUL	SPIRIT
SALVATION	DWELLS
RISE	FATHER
FEAR	SMILES
CARE	CHILD
STATION	REPINE
SOMETHING	

Labor On

```
R R R B D K V Z D J R G Y
Y N F I E L D A G E N R J
P R T B K Q Y T T I M P M
W N I A R G Y S D T V B T
O V Y T O J A V E B R E Z
R D R N W M H P O R I U S
K D E J L A I V E I T D E
E D Q E R R M A C V C L S
R Y M V H W P B Q A L E N
S R E Q R E D L R X L L V
R S L L R B Q W N L Q L M
T Q M S R L Y P D M Q W J
```

In the <u>harvest</u> <u>field</u> there is <u>work</u> to do,
For the <u>grain</u> is <u>ripe</u>, and the <u>reapers</u> few;
And the <u>Master</u>'s <u>voice</u> <u>bids</u> the <u>workers</u> <u>true</u>,
<u>Heed</u> the <u>call</u> that He <u>gives</u> to <u>day</u>.

HARVEST	BIDS
FIELD	WORKERS
WORK	TRUE
GRAIN	HEED
RIPE	CALL
REAPERS	GIVES
MASTER	DAY
VOICE	

Lean on His Arm

```
J V T T H I D E Z R K P
P R O T E C T I N G W D
W O L L O H H L S B Y M
S G V D E A M E M G M M
B U Z Y N D G S T A N D
W N S D T A I Z Y Z T P
I A B E K H F B L K D G
N E M C J M G I A Y D Q
G L O V J P V I R Z K Z
S R V Z Z T L K M M Y L
```

Lean on the mighty arm of Jesus,
Hide in the hollow of His hand;
'Neath His protecting wings abide you,
Firm on the Rock of Ages stand.

LEAN	WINGS
MIGHTY	ABIDE
JESUS	FIRM
HIDE	ROCK
HOLLOW	AGES
HAND	STAND
PROTECTING	

Let the Whole Creation Cry

```
N Q G M G A L V B V N
M O N K Y W Q O O Y A
H P I N N A P I V L M
T L K T D K C L M E B
R N E V A E H I L R D
A Y M B Y E G T I K A
E W O R T H R G N N Q
J V O H T H H C G V L
E L G Y B T I E Q O Z
G I L W L V L G R V B
N M K Q L B N D H D J
```

Let the whole _creation_ cry,
"_Glory_ to the _Lord_ on _high_."
Heaven and _earth_, _awake_ and sing,
"Praise to our _almighty King_."
Praise God, _angel_ hosts _above_,
Ever _bright_ and fair in _love_;
Sun and moon, uplift your _voice_;
Night and stars, in God rejoice!

CREATION
GLORY
LORD
HIGH
HEAVEN
EARTH
AWAKE
ALMIGHTY

KING
ANGEL
ABOVE
BRIGHT
LOVE
VOICE
NIGHT

Let There Be Light

```
D E E D S V Q Z G D Y P B Z
L X T J Y L T Z Y Z R T Q Z
T Y T L B V B M K W Z M Y T
W M Y P V J J Z O L N X H L
M I N I S T E R S D M O I K
B R P R Q C R T H Y S G Z B
H O N A A D M L H T H I M L
E N A L S D L U S T R X W E
A E M S O S M L X P D I A T
R M F G T A I Y D T B R B Y
T Q Z I N S L O D B T L O T
S B W I R V D M N H T T X L
M X T D Z T W J Y E L D Y L
K Y L P Z G S N Z R D N B N
```

Let there be <u>light</u>, <u>Lord</u> <u>God</u> of <u>hosts</u>,
Let there be <u>wisdom</u> on the <u>earth</u>;
Let broad <u>humanity</u> have <u>birth</u>,
Let there be <u>deeds</u>, instead of <u>boasts</u>.

Within our <u>passioned</u> <u>hearts</u> instill
The <u>calm</u> that endeth strain and <u>strife</u>;
Make us thy <u>ministers</u> of life;
Purge us from lusts that curse and kill.

LIGHT	DEEDS
LORD	BOASTS
GOD	PASSIONED
HOSTS	HEARTS
WISDOM	CALM
EARTH	STRIFE
HUMANITY	MINISTERS
BIRTH	

Let Us Pass Over the River

```
B D L Y X S Y Q L R R
R R E B L L T S M S G
E D W T T D L I T R L
A T E E N A A I N J Z
S E E D I I R L E G P
T W V R N I A S G W W
S E T A P E U S H J Y
L D F S R S R E S T J
N N J A M G R G N I S
D B D T S E T L R J Z
```

When our work is _ended_, we shall _sweetly_ _rest_,
'Mid the _sainted_ _spirits,_ _safe_ on _Jesus'_ _breast;_
All our _trials_ over, we shall _gladly_ _sing_,
Grave! _where_ is thy vict'ry?
Death! where is thy _sting_?

ENDED	BREAST
SWEETLY	TRIALS
REST	GLADLY
SAINTED	SING
SPIRITS	GRAVE
SAFE	WHERE
JESUS	STING

Let Us with a Gladsome Mind

```
Q D G M Q L A G L J B D Y
B V Z L D B U Y W O N N G
M E R C I E S F E I R N Y
E G R Y L Y N L H P T D M
R H L D E R M R R T T H L
U X I A T B E A K J I K J
D D P S D R I J L I W A N
N B D E U S R N M V N W F
E Y V S E E O D N I M D V
L E D K V Q R M L J M R G
R P D E R Z M B E B L T Z
```

Let us, with a gladsome mind
Praise the Lord, for He is kind;
For His mercies aye endure,
Ever faithful, ever sure.

LET	HIS
WITH	MERCIES
GLADSOME	ENDURE
MIND	EVER
PRAISE	FAITHFUL
LORD	SURE
KIND	

Little Feet, Be Careful

```
D E H S A W L Z H T
Z J T J T Z H A J X
R B N E X H N T D D
M V E S E D E N O V
P O L U S T A M E B
Q T R S T E I R R K
Y H M N L H Y H R L
T I R C I D G O W M
D S L Z N N W I I Q
T Y X A G Z G H N X
```

I washed my hands this morning,
O very clean and white,
And lent them both to Jesus,
To work for Him till night.

WASHED	THEM
HANDS	BOTH
MORNING	JESUS
VERY	WORK
CLEAN	HIM
WHITE	NIGHT
LENT	

Living by Faith

```
W H A T Z E D N L Y D
G N I H T Y R E V E R
S S K W Q T R A R B L
W U H T R K Y R C R T
O R N A N A T L O K L
R U D S D G L B N W M
R L N O H O R O K N D
O E T R R I W N I A V
M T T D N R N A M B B
M H N G Y Z R E G N B
```

I <u>care</u> not <u>today</u> what the <u>morrow</u> may
  <u>bring</u>,
If <u>shadow</u> or <u>sunshine</u> or <u>rain</u>,
The <u>Lord</u> I <u>know</u> <u>ruleth</u> o'er <u>everything</u>,
And all of my <u>worry</u> is <u>vain</u>.

CARE	LORD
TODAY	KNOW
MORROW	RULETH
BRING	EVERYTHING
SHADOW	WORRY
SUNSHINE	VAIN
RAIN	

Lord, in the Morning

```
E N D P L Y L Y A P S P
C N L T L T Y S L H G N
I D Q V G G C G A O M P
O P B B D E N L T R R D
V N W N N I T L A H L D
B Z B D N Y R E I M O Z
J J I R L Q B E I F T U
J N O H G I H N C E T D
G M L N N T E T L T Y B
N Q G W M P B H Y Y R E
W B B L Z V N E B M L T
T Y P B D T Q E J L J Y
```

Lord, in the morning Thou shalt bear
My voice ascending high;
To Thee will I direct my pray'r,
To Thee lift up mine eye.

LORD	HIGH
MORNING	THEE
THOU	DIRECT
SHALT	LIFT
BEAR	MINE
VOICE	EYE
ASCENDING	

Love Divine

```
U N B O U N D E D Z N
C K G Y M Q T H D O P
E O X N R E U R I Y G
X L M N I M R T A N R
C U J P B L A C I E E
E F C L A V B L I N H
L H E R L S L M I E H
L T L A O E S V E T S
I I S O W W I I R R Y
N A Y D V D N A O O T
G F J K M E E D J N P
```

Love divine, all love *excelling*,
Joy of heav'n, to *earth* come down!
Fix in us thy *humble* *dwelling*,
All Thy *faithful* *mercies* *crown*;
Jesus, Thou art all *compassion*,
Pure, *unbounded* love Thou art;
Visit us with Thy *salvation*,
Enter ev'ry *trembling* *heart*!

LOVE	MERCIES
DIVINE	CROWN
EXCELLING	COMPASSION
JOY	UNBOUNDED
EARTH	SALVATION
HUMBLE	TREMBLING
DWELLING	HEART
FAITHFUL	

Love Lifted Me

```
L S R E T S A M B G
U D I S B E B N N T
F E E N R L R I N L
E N H T K E R O M Y
C I Y E F I T T H T
A A Q L A I N A Q S
E T S P P R L G W E
P S S E I E D T F D
N E P S A N E A P B
D L E D M Z S D N R
```

I was _sinking_ deep in sin,
Far from the _peaceful_ _shore_,
Very _deeply_ _stained_ within,
Sinking to _rise_ no more;
But the _Master_ of the _sea_
Heard my _despairing_ cry,
From the _waters_ _lifted_ me, now _safe_ am I.

SINKING   SEA
PEACEFUL   HEARD
SHORE   DESPAIRING
DEEPLY   WATERS
STAINED   LIFTED
RISE   SAFE
MASTER

Majestic Sweetness

```
S C J S Z K G Q D T Q N D
A L I J E R D E N W O R C
V B T T A I N U L G S L W
I R R C S O R P P W L D J
O Y E O R E Y O E O T V B
R X Y H W T J E L N N X D
V W T S D P T A A G Z N N
P N T T A N P I M S P I L
E I V M E P D T M D W R M
S J B S H A W P V V Y M Q
Y R S X R P P M P B G L M
```

Majestic sweetness sits enthroned
Upon the Savior's brow;
His head with radiant glories crowned,
His lips with grace o'erflow.

MAJESTIC	HEAD
SWEETNESS	RADIANT
SITS	GLORIES
ENTHRONED	CROWNED
UPON	LIPS
SAVIOR	GRACE
BROW	

Matchless Love

```
T R K M T E U V M R M T N
C V E S D N P A B O U N D
D H O A D E T A P R P P R
N L R O C C N R C L M R Q
U P N I H H E N I S Q M G
O E L L S C E G A Y E Y B
F G E L I T H D D L Q Z Z
J S O O Y T H G I M P Y T
S V U S D N A B S U S E J
E S H O L Y R N J P X D J
```

It was _matchless_ _love_ that _found_ me,
When the _bands_ of sin had _bound_ me,
It was love that _planned_ _escape_ for me
When I was _lost_, _undone_;
It was love in sad _plight_, saw me,
It was love that _reached_ out for me,
'Twas the _precious_ love of _Jesus_ _Christ_
The _mighty_, _holy_ One.

MATCHLESS	UNDONE
LOVE	PLIGHT
FOUND	REACHED
BANDS	PRECIOUS
BOUND	JESUS
PLANNED	CHRIST
ESCAPE	MIGHTY
LOST	HOLY

Meet Me There

```
V F M T Y H H S D Q P B
Y A R B O A T N I G H T
Y I D M P O T G B D J D
Y T E P R K O S I T Y Y
W H Y M B L W S C Y L M
Q F S B D H S E F I L R
Y U Q E E O F H B V Y Q
M L N R L R M P O Y M J
Z E E V E D R O U R B Q
V B E P Q B Y Y R R E J
T S L T D V L J Z E E J
```

On the *happy*, *golden* *shore*,
Where the *faithful* part no *more*,
When the *storms* of *life* are o'er *meet* me
   there,
Where the *night* *dissolves* away
Into *pure* and *perfect* day,
I am going *home* to *stay*,
Meet me there.

HAPPY	WHERE
GOLDEN	NIGHT
SHORE	DISSOLVES
FAITHFUL	PURE
MORE	PERFECT
STORMS	HOME
LIFE	STAY
MEET	

Moment by Moment

```
R G Z B T T L S M D D W
D E T W T L T M U G R P
I J C Y Z G A P T S R N
V D B K L I V I N G E L
I G M W O P S G R D M J
N N D O D N L O R T V B
E I E T M O E U R N V D
S K N V R E B D L R E Y
H O I Y O D N K B V O N
A O H N L L T T O E W W
R L S V L R M B L G A P
E Q T P M K A J T R J R
```

Dying with <u>Jesus</u>, by death <u>reckoned</u> mine;
<u>Living</u> with Jesus, a new life <u>divine</u>;
<u>Looking</u> to Jesus till <u>glory</u> doth <u>shine</u>,
<u>Moment</u> by moment, O Lord, I am Thine.

Moment by moment I'm kept in His <u>love</u>;
Moment by moment I've life from <u>above</u>;
Looking to Jesus till glory doth shine;
Moment by moment, O Lord, I am Thine.

Never a <u>trial</u> that He is not there,
Never a <u>burden</u> that He doth not <u>bear</u>,
Never a <u>sorrow</u> that He doth not <u>share</u>,
Moment by moment, I'm under His care.

JESUS
RECKONED
LIVING
DIVINE
LOOKING
GLORY
SHINE
MOMENT

LOVE
ABOVE
TRIAL
BURDEN
BEAR
SORROW
SHARE

More Holiness Give Me

```
P N P L H S C E S N E S
X R R A A T C A S P T N
S Y A V T I I T R P L M
O S I Y V I R A U E Z P
R O E R E I E R F W P J
R D E N V R P N I X Z T
O S W I I O L T C E G X
W B N Y S L H N R E Z B
J G O E Q I O O E V I G
S J B V N Z M H X M T K
```

More holiness give me,
More strivings within,
More patience in suff'ring,
More sorrow for sin,
More faith in my Savior,
More sense of His care.
More joy in His service,
More purpose in prayer.

MORE	SAVIOR
HOLINESS	SENSE
GIVE	CARE
STRIVINGS	JOY
WITHIN	SERVICE
PATIENCE	PURPOSE
SORROW	PRAYER
FAITH	

Music in Heaven

```
S R E P E N T I N G T V K M
G S R S R R T M V D N V Q N
N T T D A B T X U N X G R N
I O M M R V I J X S B T E T
R R J Q S S E B M B I V D S
B Y L M A H E D L D A C W N
X C M V G M E R N E B E N T
V H I D O B M P H W E W L P
P O X H N T W L H T O T Y T
R I N N P H T R A E J N P T
D C W K T R Q R V Y R Z K D
K E N Q B B K D M X Y D G Q
```

There is _music_ in _heaven_ o'er the _saved_
    ones of _earth_,
From the _Bible_ the _story_ _sweet_ is _known_;
When the wand'rer, _repenting_, makes the
    Savior his _choice_,
When the _Shepherd_ _brings_ _home_ His _own_!

MUSIC	REPENTING
HEAVEN	SAVIOR
SAVED	CHOICE
EARTH	SHEPHERD
BIBLE	BRINGS
STORY	HOME
SWEET	OWN
KNOWN	

My Faith Looks Up to Thee

```
E W T H I N E N Y B
L J H J E N R R X G
I D M O T N A A V V
H G D Y L V I S E F
W B M A L L A V A H
Y D R A S V Y I I T
A A C K I E T A A D
R Y O O L H E K W L
P O R Y D Z E H Z A
L L L M N M Y V T Z
```

My faith looks up to Thee,
Thou Lamb of Calvary, Savior divine;
Now hear me while I pray;
Take all my sins away;
O let me from this day
Be wholly Thine.

FAITH	WHILE
LOOKS	PRAY
THEE	TAKE
LAMB	AWAY
CALVARY	DAY
SAVIOR	WHOLLY
DIVINE	THINE
HEAR	

My Hope Is Built on Nothing Less

```
S  S  E  N  S  U  O  E  T  H  G  I  R
Q  X  T  O  D  B  Y  W  T  Y  T  K  L
L  B  R  T  W  A  L  L  N  R  B  X  B
R  Z  M  H  P  T  R  N  N  L  T  K  N
D  Y  N  I  S  W  E  E  T  E  S  T  D
R  T  W  N  B  W  B  N  M  K  D  G  G
Q  K  V  G  H  U  T  A  N  N  V  L  D
M  G  M  O  I  E  R  S  E  S  W  Q  J
K  T  L  L  M  F  V  X  U  P  Y  M  J
L  L  T  A  E  Z  N  S  W  R  O  J  Y
Y  B  N  N  P  A  E  N  Y  B  T  H  L
J  L  M  D  B  J  N  B  L  V  K  K  V
```

My _hope_ is _built_ on _nothing_ less
Than _Jesus_' blood and _righteousness_;
I _dare_ not _trust_ the _sweetest_ frame,
But _wholly_ _lean_ on Jesus' _name_.

HOPE	TRUST
BUILT	SWEETEST
NOTHING	FRAME
JESUS	WHOLLY
RIGHTEOUSNESS	LEAN
DARE	NAME

My Lord, My Truth, My Way

```
F S T L G D J G Y L W
E P P H R U N S T A Y
E E E O G I I H J B N
B T L E R I T D W L J
L S H R H U R H E N T
E Y E G R T I A S M R
X N A T I C Y U O H T
U Y L W H L R W I L T
T X Y Z R E L M N T Y
```

My Lord, my Truth, my Way,
My sure, unerring light,
On Thee my feeble steps I stay,
Which Thou wilt guide aright.

LORD	STEPS
TRUTH	STAY
WAY	WHICH
SURE	THOU
UNERRING	WILT
LIGHT	GUIDE
THEE	ARIGHT
FEEBLE	

My Precious Bible

```
G O A L Y Z R T K G Z N
N R L T L T K W A Y R D
I Q Y G B M U R A T S S
N Y N L D S Z A S V O Y
R M E E I V H U E U Z Y
O W Q N T K N I L B G G
M Y M T R S E G N N L N
Y B W A B U A T L I L T
Q T E W I G O H O Y N V
M L U X B L M J V M X G
C N P D L Y Q P E P M N
L V W Z E N G T G G L G
```

Like a <u>star</u> in the <u>morning</u> in its <u>beauty</u>,
Like a <u>Sun</u> is the <u>Bible</u> to my <u>soul</u>,
<u>Shining</u> <u>clear</u> on the way of <u>love</u> and <u>duty</u>,
As I <u>hasten</u> on my <u>journey</u> to the <u>goal</u>.

STAR	CLEAR
MORNING	LOVE
BEAUTY	DUTY
SUN	HASTEN
BIBLE	JOURNEY
SOUL	GOAL
SHINING	

Near the Cross

```
N S W O L F L T L Q
I J E S U S H R X N
A K F Q N E L S R Y
T H R O R E U P Y Y
N Z E E U O A R M S
U E P A I N S R T Y
O Y E C L S T R X P
M V E R O I E A E G
R R T R F A N E I P
P R C W M R K G Z N
```

Jesus, keep me near the cross;
There a precious fountain,
Free to all, a healing stream,
Flows from Calv'ry's mountain.

JESUS	FOUNTAIN
KEEP	FREE
NEAR	HEALING
CROSS	STREAM
THERE	FLOWS
PRECIOUS	MOUNTAIN

Near to the Heart of God

```
R E W K T R T S T B
E R M A A R U M L V
D O B E I S A E M V
E F N G E T S E P T
E E L J H T J L H Q
M B T O N N A C U W
E Y L S X C D I H R
R D E D E D E E E M
W N D O G T R S W Y
T G P T M E T L G L
```

There is a *place* of *quiet* *rest*,
Near to the *heart* of *God*,
A place *where* sin *cannot* molest,
Near to the heart of God.

O *Jesus*, *blest* *Redeemer*,
Sent from the heart of God,
Hold us, who *wait* *before* Thee,
Near to the heart of God.

PLACE	JESUS
QUIET	BLEST
REST	REDEEMER
NEAR	SENT
HEART	HOLD
GOD	WAIT
WHERE	BEFORE
CANNOT	

No Night in Heaven

```
N  S  I  G  H  R  T  N  X  L  W  K
E  N  T  W  G  H  B  N  M  R  M  N
V  K  N  O  G  B  E  M  V  D  T  B
E  W  B  I  R  V  P  A  S  S  E  D
R  O  N  E  A  M  Y  M  P  T  L  T
J  R  F  E  V  L  S  J  L  A  N  J
T  R  H  E  P  O  L  X  G  G  W  T
B  O  M  A  I  L  B  A  Z  J  M  R
L  S  I  T  R  R  I  A  H  N  R  R
G  N  Q  L  T  N  G  N  J  S  J  M
```

There is no <u>night</u> in <u>heaven</u> <u>above</u>,
No <u>grief</u>, no <u>toil</u>, no <u>pain</u>;
And blood-washed souls who reach that
   land,
<u>Shall</u> <u>never</u> <u>sigh</u> <u>again</u>.

There <u>storms</u> of <u>sorrow</u> never come,
They all have <u>passed</u> away;
The Savior's there, that is His home,
He wipes all tears away.

NIGHT	NEVER
HEAVEN	SIGH
ABOVE	AGAIN
GRIEF	STORMS
TOIL	SORROW
PAIN	PASSED
SHALL	

No, Not One

```
L M D N G J R V Z N
I W W S E A E Y S B
K R L S W L B T J D
E B U L S O R O N V
D S N E O U N E U R
I M X L G W I K B T
U W U G D R L A E H
G O L Y F O N Y N M
S E Z A P O N K T M
S Z Q D T M B E B Y
```

There's not a _friend_ like the _lowly_ Jesus,
No, not one! no, not one!
None _else_ could _heal_ all our _soul_'s diseases,
No, not one! no, not one!

Jesus _knows_ all _about_ our _struggles_,
He will _guide_ till the _day_ is _done_;
There's not a friend like the lowly Jesus,
No, not one! no, not one!

FRIEND	KNOWS
LOWLY	ABOUT
JESUS	STRUGGLES
ELSE	GUIDE
HEAL	DAY
SOUL	DONE

Not a Step without Jesus

```
T Z T Q J E S U S Y
U J A R J H J B D L
O G K T S N E E B D
H P E T S T T A P B
T R B E K P A L R H
I R D W M N E I I T
W A K E O A E M D G
M Y T M V N T V N
G Y R E J R Q Z F Z
K L J T L R G T Q O
```

Not a _step_ will I _take_ _without_ Jesus,
Is the _vow_ that my _heart_ has _made_;
Tho' I _often_ am _tempted_ to _leave_ _Him_,
Yet unto Him my heart is _staid_.

STEP	MADE
TAKE	OFTEN
WITHOUT	TEMPTED
JESUS	LEAVE
VOW	HIM
HEART	STAID

Not One Forgotten

```
T H R O N E L N W C M T
B D Z Y G M G A I O J K
G P Y N T D D S Y J R B
S J G N D R U M Q O Y D
T G N N R M A K T T R B
E C N L I T B E D L B Z
E H T I R K N E H D B L
W O Y Y Y D A S A T Z X
S R J L E A B W R U L Z
L D K R O V S D N I T D
Y T G V Z R N Q K B T Y
G T G J T T D D V M L S
```

There's a _word_ of _tender_ _beauty_
In the _sayings_ of our _Lord_,
How it _stirs_ the _heart_ to _music_,
Waking gratitude's _sweet_ _chord_;
For it tells me that our Father,
From his _throne_ of _royal_ might,
Bends to note a falling sparrow,
For 'tis precious in his sight.

WORD
TENDER
BEAUTY
SAYINGS
LORD
STIRS
HEART

MUSIC
WAKING
SWEET
CHORD
THRONE
ROYAL

Nothing Between

```
D Q P Y Z R O I V A S
E D E L U S I V E G J
C P B J E L U T K B N
N N B E U A H S N M N
U E D O T G S O E T Z
O E S L U W T U D J Q
N W E A R H E R R W N
E T N N I O E E D E M
R E X N I A W Z N B T
L B G Z M M P X Y Q L
```

Nothing between my soul and my Savior,
Naught of this world's delusive dream;
I have renounced all sinful pleasure;
Jesus is mine, there's nothing between.

NOTHING	DREAM
BETWEEN	RENOUNCED
SOUL	PLEASURE
SAVIOR	JESUS
NAUGHT	MINE
WORLD	BETWEEN
DELUSIVE	

Now Rest Beneath Night's Shadow

```
D R R V T L X H P J V L B
N P W E R S T R D M T G L
A N R X B A E W O D A H S
L B T A E M C R E A T O R
D D E N I W U P N I G H T
O A E T O S R L F Y K M D
O B W D A A E I S Z L N T
W L A A Y K E T R A E H Z
W E X E K L E R I S E W L
M N R T D E Y K R P T M B
```

Now rest beneath night's shadow
The woodland, field and meadow:
The world in slumber lies;
But thou, my heart, awake thee,
To prayer and song betake thee,
Let praise to thy Creator rise.

REST	HEART
BENEATH	AWAKE
NIGHT	PRAYER
SHADOW	BETAKE
WOODLAND	PRAISE
FIELD	CREATOR
MEADOW	RISE
SLUMBER	

Now the Day Is Over

```
J J E L E N O S M D
E G K Y I S W V V R
S T N G E O O B E W
U E H I D L L P E R
S T V A W E I A E S
L S H E S A R D T R
M S O S N Y R E S D
K L I R S I A D A T
Y N A K C L N Y L Y
G M Y C Y A T G T P
```

Now the <u>day</u> is <u>over</u>,
<u>Night</u> is <u>drawing</u> nigh;
<u>Shadows</u> of the <u>evening</u>
<u>Steal</u> <u>across</u> the <u>sky</u>.

Jesus, give the <u>weary</u>
<u>Calm</u> and sweet <u>repose</u>;
With Thy tend'rest <u>blessing</u>
May our eyelids close.

DAY	ACROSS
OVER	SKY
NIGHT	WEARY
DRAWING	CALM
SHADOWS	REPOSE
EVENING	BLESSING
STEAL	

O Be Joyful in the Lord

```
T H T R A E L M N L L
A S T E K S L I J X Y
C P E W S L T B V L R
C G M L U I E A B E L
O J N F B F A M N Q S
R K Y I O O U R I D K
D O M R S H N L P H Y
J J E Y T N U O B D D
W O R T H M W R T A P
N P L V B Z D D L T G
R P D D N T R G Y B L
```

O be joyful in the Lord!
Sing before Him, all the earth!
Praise Him with a glad accord
And with lives of noblest worth,

Sons of ev'ry land,
Humbly now before Him stand!
Raise your voice and rejoice
In the bounty of His hand.

JOYFUL	ACCORD
LORD	LIVES
SING	NOBLEST
BEFORE	WORTH
HIM	HUMBLY
EARTH	STAND
PRAISE	BOUNTY
GLAD	

O Come to the Savior

```
D L M N K V J T Q L D K E V
N J B U R D E N E D M U B V
D Y G K R E V O B A R Y B R
V M M Z P E Y T K T Z B G J
R L W W W N F S N E M G R W
C O B T G D P U U Y E B N D
O V G N N R Y L G S J S M D
M E N P I S S P E E E M Q T
F L P W Y K T A R A X J Y Q
O P R S A T J I V A D K Y L
R M O W R Q R R L I Y I W Z
T U E L T Q J T B L O I N D
L A T G S M T T L Q D R N G
K N N W Z Z P L J P P X J G
```

Soul burdened and straying,
Soul weak and untrue,
Still Jesus is praying,
Still pleading for you!

O come to the Savior,
Seek comfort above;
Come into the refuge,
Come, rest in His love.

SOUL	PLEADING
BURDENED	SAVIOR
STRAYING	SEEK
WEAK	COMFORT
UNTRUE	ABOVE
STILL	REFUGE
JESUS	LOVE
PRAYING	

O How He Loves Me

```
H Y N M P H L W N G N T K
I H Q Y E D R T P B X W N
S R A A Z E P T V R L P P
T E R V V P S H O U L D B
T T V E E J R D Z V D R M
L R N O R R J E T J O B G
T L W T L V P X C K M W M
B J G P M T B F E I Y Y S
J N V V O Q R N L G O E K
N J L N J I E M D G V U B
Z M N D E V M B Q O D B S
Q A D N L J O B L M W N Q
C J D R M T C Y B M N K E
```

I have a _Friend_, a _precious_ Friend,
O how He _loves_ me;
He says _his_ love will _never_ _end_,
O how He loves me.

Why He _should_ _come_, I _cannot_ tell,
O how He _loves_ me;
In my poor _broken_ _heart_ to dwell,
O how He loves me.

HAVE	SHOULD
FRIEND	COME
PRECIOUS	CANNOT
LOVES	LOVES
HIS	BROKEN
NEVER	HEART
END	

O Perfect Love

```
T R U S T T T D Q C E Z B G B N
Z T N N N M R J Y N H F Q K V N
M G X Y J T R G D R J A I K G N
L T H R O N E U N L E T R L R T
T E N D E R R L N R W R W I R P
Y P R D B A R N O E Q V N A T N
G G Y N N W J M C D R K N Y B Y
G J M C E L R N X T S X N M D
L B E V Y E A B W P C J L N Z R
K Q O Y V R P Z J E R N P V E L
T L M E U L L M N R E A Y M Y
X X R S E Z R D B F X V A M Z K
B O S E M V I Y K E R R O P U Y
F A N Y W N L J Z C P M G L V H
Y K Y N G M R M L T Q L M Q D X
```

O *perfect* Love, all *human* thought *transcending*,
Lowly we *kneel* in *prayer* before Thy *throne*,
That theirs may be the *love* which knows no
    ending,
Whom Thou *forevermore* dost join in one.

O perfect *Life*, be Thou their full *assurance*,
Of *tender* *charity* and steadfast faith,
Of patient hope and quiet, brave *endurance*,
With childlike *trust* that fears nor pain nor
    death.

PERFECT
LOVE
HUMAN
TRANSCENDING
KNEEL
PRAYER
THRONE
LOVE

FOREVERMORE
LIFE
ASSURANCE
TENDER
CHARITY
ENDURANCE
TRUST

Only a Step

```
G N I V O L D B R D L N B
B Q C M G M J B X N M X M
D T R R R L T X R W G Z N
P N D T U P X A B Z B E N
Y L N O P C E J R X K Z R
M L M Z E H I E R R R N L
Z Q B S T W M F A D V P L
K P T A S A N H I O T R J
V Y T V S Y P S I E Q R E
G B Y I D W U C Y V D M N
T Z K O L S E D J E O J Y
Y T N R E M D E J C B R B
J B X J R J Y B T J J O Q
```

Hear the sweet voice of Jesus say,
"Come unto Me, I am the way";
Harken, the loving call obey;
Come, for He loves you so.

Only a step, only a step:
Come, for He bled for you and died;
He's the same loving Savior yet,
Jesus the Crucified.

HEAR	COME
SWEET	ONLY
VOICE	STEP
JESUS	SAME
HARKEN	SAVIOR
LOVING	CRUCIFIED
OBEY	

Open My Eyes, That I May See

```
I R E A D Y O Q E L K P J
L K R K K P D T U Y N W X
L L P R E M P F D L E P D
U B Q N W G R B N Y N S X
M J K S S E S P M I L G V
I Q T D D S I L E N T L Y
N Q Y N B R U T E C A L P
E Q O A T N O W R R Y E K
D W Y H C S P I A U N W D
T Y K L N W A Y V I T R L
Q B A L X T R H V A T H M
V S N X T N V I B D S L W
P N Q W L R D D Z M P N K
```

Open my eyes, that I may see
Glimpses of truth Thou hast for me;
Place in my hands the wonderful key
That shall unclasp, and set me free.

Silently now I wait for Thee,
Ready, my God,
Thy will to see:
Open my eyes, illumine me, Savior Divine!

OPEN	UNCLASP
EYES	SILENTLY
GLIMPSES	WAIT
TRUTH	READY
HAST	ILLUMINE
PLACE	SAVIOR
HANDS	DIVINE
WONDERFUL	

Out of the Depths

```
L R G N V V Y J W D R R G M
O A W N E Y C R Y N V Q V P
R E L K I T T Y M N V N T T
D O W N K V S Y C R E M H M
P J N D W H I I W Z B G T S
K D S Y P N I G L G I N T K
Y E N H G I S G R R B A B K
Q P L R O Y M A H O N K A L
N T B K P U C R J D F E L Q
L H B Y J E L V Y Y H D M K
L S M E L N N D K R A M N D
T Z G R N D Q V P D K D M Y
V Z Y G W D W G B N Q J Q M
```

Out of the _depths_ I cry to You on _high_:
    Lord, _hear_ my call.
Bend down Your _ear_ and _listen_ to my _sigh_,
    forgiving all.

If You _should_ _mark_ our sins, who then
    could _stand_?
But _grace_ and _mercy_ dwell at Your _right_
    hand.

DEPTHS	FORGIVING
HIGH	SHOULD
LORD	MARK
HEAR	STAND
BEND	GRACE
EAR	MERCY
LISTEN	RIGHT
SIGH	

Pass Me Not

```
T P D X G L Q R X D V V
E Q D J G N S V P J X G
L P D M L A I N Q W P Y
B N L M V O P L P E R W
M O L I T D V J L A Q J
U T O H E P W I E A T W
H R E Y A L H H Y R C L
T R J S N W T K A G M B
S J S Q P M N N T L L T
W G Q N Q Y Y D E H X Q
R T R N T N R N M G O X
J V N B K B V R K T M U
```

Pass me <u>not</u>, O <u>gentle</u> <u>Savior</u>,
<u>Hear</u> my <u>humble</u> <u>cry</u>;
<u>While</u> on <u>others</u> <u>Thou</u> <u>art</u> <u>calling</u>,
Do not <u>pass</u> me by.

NOT	WHILE
GENTLE	OTHERS
SAVIOR	THOU
HEAR	ART
HUMBLE	CALLING
CRY	PASS

Peace

```
H R L T D Z X R B M E D D
K T T J L B P S L V R D B
S L E E P E T H E R P P P V
Y Y A P X N M R W V S V Z
T V R J E T Y E Y E O Y Q
B Z M V V E E M C K L L R
Z M R B G P K U D D T A V
Y L T N E G R T N R E T V
J N Q T K E N I G F I M R
J R H M R Y K T Z O R E Q
T B N T D P B Z N Q D N S
```

God *kindly* *keepeth* those He *loves*
Secure from *every* *fear*;
From the eye that *weepeth*,
O'er one that *sleepeth*,
He *gently* *dries* the *tear*.

GOD	FEAR
KINDLY	WEEPETH
KEEPETH	SLEEPETH
LOVES	GENTLY
SECURE	DRIES
EVERY	TEAR

Peace in Jesus

```
S O R R O W I N G B Y N M
A D Z Q J Q Q P E S V M D
L S B P K P E V R R P R G
V H T X R A Z E L F A T P
A A R N C E E S I Z V C J
T R P E N H C N W D I M A
I E J D C S D I Q E N W M
O J R Q R U T B O D E I Q
N Q Y X Y S R Y W U T T M
Q Q J L Q E W B D V S G W
R T J R V J L Y B M K T T
```

Oh the <u>peace</u> that in <u>Jesus</u> I <u>find</u>!
How it <u>cheers</u> me <u>amid</u> all my <u>care</u>;
It is <u>sweet</u> to the <u>sorrowing</u> <u>mind</u>,
In this <u>precious</u> <u>salvation</u> to <u>share</u>.

PEACE	SWEET
JESUS	SORROWING
FIND	MIND
CHEERS	PRECIOUS
AMID	SALVATION
CARE	SHARE

Peace, Perfect Peace

```
L R X Z J B Q L T L S P
T H R O N G I N G R E D
K R A D E J W X E R U B
M D R C E I D P F T Q R
G J A S L E S E I B S W
L E U L S I C E D I I P
P S R S H T S Y H T Y M
Y D E W L B Y T H B P N
T R L Y R W L I W J T R
P Q Z R Y K N O T S E R
L K T V O Y J Z O Q L R
J W L J K W W T Y D Q Z
```

Peace, perfect peace, in this dark world of sin:
The blood of Jesus whispers peace within.

Peace, perfect peace, by thronging duties pressed:
To do the will of Jesus—this is rest.

PEACE
PERFECT
DARK
WORLD
BLOOD
JESUS
WHISPERS

WITHIN
THRONGING
DUTIES
PRESSED
WILL
REST

Praise the Lord! O Heavens

```
S A D O R E T L B R W R L D
L R N S H I N I N G N D Y M
E H B R O K E N X E E T O R
G E T X B B L X K Y H O Q D
N I C R R D L O E G N X D W
A G L N R L P B I S L X W P
P H L O A S O M Q G I O M L
R T L A T D M G T L R A N Q
R K V Y W J I L V L T B R T
J L Y N L S K U D D W Q R P
T J K W Q D J S G T X L Q Q
```

Praise the Lord! O heav'ns adore Him;
Praise Him angels, in the height;
Sun and moon, bow down before Him;
Praise Him, shining stars and light.

Praise the Lord, for He hath spoken;
Worlds His mighty voice obeyed;
Laws which never shall be broken
For their guidance He has made.

PRAISE	SPOKEN
LORD	WORLDS
ADORE	MIGHTY
ANGELS	OBEYED
HEIGHT	LAWS
MOON	BROKEN
SHINING	GUIDANCE

Prayer Is the Soul's Sincere Desire

```
U H I D D E N B Y Y R
N T S E M I L B U S S
U N D N M K H T T E Z
T E V E R R S C L V N
T R M X S E E B A O V
E E N A L S M Y I E T
R C R P J E E T A N R
E N M I R E O R A R F
D I W T S M S F P I P
S S M W Y E N T R X R
J N R L D I D E Y Y E
```

Prayer is the soul's *sincere* *desire*,
Unuttered or *expressed*;
The *motion* of a *hidden* *fire*
That *trembles* in the breast.

Prayer is the *simplest* form of speech
That *infant* lips can try;
Prayer, the *sublimest* strains that *reach*
The *Majesty* on high.

PRAYER	FIRE
SINCERE	TREMBLES
DESIRE	SIMPLEST
UNUTTERED	INFANT
EXPRESSED	SUBLIMEST
MOTION	REACH
HIDDEN	MAJESTY

Precious Memories

```
S T H G I N D I M D T
O P R E C I O U S W X
M L M N Y S W T S M D
E D I W E R C T N O Y
W E P N Y E I E O E S
H R S D G L S L N O S
E C X L L E F N U E M
R A R N E O R L U P S
E S E A G G F R B N D
B S T J E N N N Q L L
S R R J J N K A U G V
```

Precious mem'ries, *unseen* *angels*,
Sent from *somewhere* to my *soul*;
How they *linger*, ever *near* me,
And the *sacred* past *unfold*.

Precious mem'ries, how they linger,
How they ever *flood* my soul.
In the *stillness* of the *midnight*,
Precious sacred *scenes* unfold.

PRECIOUS	NEAR
UNSEEN	SACRED
ANGELS	UNFOLD
SENT	FLOOD
SOMEWHERE	STILLNESS
SOUL	MIDNIGHT
LINGER	SCENES

Precious Words

```
L W L F D W W V S R
P L O A O A O U X G
D A E N T R O R N J
V L T E D I E I D B
E A R H C E W V E S
D S L E W O R A E T
I Y R L L A U F E R
S P T F E T Y A U Z
E K B U Y Y C Y Y L
B T M G D H S K N Z
```

Precious forever! O wonderful words,
Teach me the pathway of duty;
Lead me beside the still waters of life,
Flowing thro' valleys of beauty.

PRECIOUS	LEAD
FOREVER	BESIDE
WONDERFUL	WATERS
WORDS	FLOWING
TEACH	VALLEYS
PATHWAY	BEAUTY
DUTY	

Ready

```
Y A T S Z L T K D N
S U F F E R H S B G
E D W N D B O K E Y
E Y M L I N M M R B
S X Z P W A E Q Y O
R Y M G T D P S T L
J K D S R R N H T G
Z D E A L I E A J Q
P T R M E R E Q T Y
Z T N L S R J F L S
```

Ready to *suffer* *grief* or *pain*,
Ready to *stand* the *test*,
Ready to *stay* at *home* and *send*
Others if He *sees* *best*.

READY	STAY
SUFFER	HOME
GRIEF	SEND
PAIN	OTHERS
STAND	SEES
TEST	BEST

Redeemed

```
Q L Z J B B L E B J Q G K M
M L K B M M Q L J G B D M D
W P K B Y V T B J Z S J L N
S I N G I N G U W O D Q N X
G E T G L T J O R Y A D O T
N R N E L P W R Y L Z Q B R
O E R I E O O T N A E V O L
S B E E V W R R Y G W B T L
Y M N B D I S Y J T I A D V
W J M Q N E D Z S J Y S A N
Z R T T Y T E R L R R N E E
J R L V J Q H M T L I D N R
D L B M W C Q L E S J I R B
D P P Y P J Z V H D M B P D
```

Sweet is the song I am singing today;
I'm redeemed! I'm redeemed!
Trouble and sorrow have vanish'd away;
I have been redeemed!

I'm redeemed! by love divine,
Glory, glory, Christ is mine, Christ is mine,
All to Him I now resign,
I have been redeemed.

SWEET	VANISH
SONG	AWAY
SINGING	LOVE
TODAY	DIVINE
REDEEMED	GLORY
TROUBLE	MINE
SORROW	RESIGN

Rejoice in His Great Name

```
R Q K G W S R E Y Y D K
E P Y M E D T L S V P M
J M T L Y U H T O D A Y
O E U H B T N D H G T D
I R G I R I T E K I N G
C V R A A O A N W O N K
E T E S M R N T A E R G
N O P U T O M E J N Q Y
W Y X K L D H G M D L G
```

Rejoice in Him who rules today
Upon the heav'nly throne,
Where saints their heart-felt tribute pay,
And make their homage known!
No earthly king so great as He,
Rejoice, rejoice in His great name!

REJOICE
RULES
TODAY
UPON
THRONE
SAINTS
HEART

TRIBUTE
HOMAGE
KNOWN
EARTHLY
KING
GREAT

Rejoice in the Lord

```
D R A C C O R D N T G L
P E E T Q Y G A E V Z N
R D L J N L M L O R U O
A K K I O E O I B M L V
I T Z R V I C R I J G Z
S L Y K T E C H D M X Q
E A E R S A R E N I P G
R X D H K M E E J L Y B
Z E N J T M X R R T R D
R V B M N Z L M G Y X K
```

Rejoice in the Lord and exalt his name,
In praise let our voices accord;
Be glory to Him, Great Deliverer
Rejoice, O rejoice in the Lord.

REJOICE	VOICES
LORD	ACCORD
EXALT	GLORY
NAME	HIM
PRAISE	GREAT
OUR	DELIVERER

Rejoice, the Lord Is King

```
E R O M R E V E A D O R E
Z L X Y V J P Z J J J A J
L Y O E C I O J E R G L G
Z U T Y Q J T T P A O N Y
R T N P P R R W I R I J X
T V F X M I Y N D S N V L
Z H P I U X H E G B O G Q
N T A M L R E B V I Y K J
D B P N D L A Q C I I M Z
M H D Y K K R E L N G M B
G B D K G S T L G B L M R
```

Rejoice, the Lord is King;
Your Lord and King adore!
Rejoice, give thanks, and sing
And triumph evermore:
Lift up your heart, lift up your voice!
Rejoice, again I say, rejoice!

REJOICE	TRIUMPH
LORD	EVERMORE
KING	LIFT
ADORE	HEART
THANKS	VOICE
SING	AGAIN

Remember Me, O Mighty One

```
S T O R M S X R S Y Y D R
S N L M T K M W Y P J B J
B E N K K Y E X G N N B Q
T R C S R E T P M E T K P
L G Q I P L J B B R E G X
M O N I O D R B R E N D V
W N N I T V W D P I N K N
A G S E L X N I L U P K Q
T Y E Q J L N L O W M J M
C D R G Y G A R T N H R Z
H W I W Q F A C X N L E M
N J F R X R R D N B Y T N
```

When storms around are sweeping,
When lone my watch I'm keeping,
'Mid fires of evil falling,
'Mid tempters' voices calling.

WHEN	KEEPING
STORMS	FIRES
AROUND	FALLING
SWEEPING	TEMPTERS
LONE	VOICES
WATCH	CALLING

Rescue the Perishing

```
Y T H G I M F B G Q D
M V R W S A T N Z R Z
N H E E L U I B G R Y
D E C L S H S N X Z Z
P Y E T S C I E G T Y
E N I I A R U R J X B
W R R N R N A E V A S
M E A E G V S L I F T
P G D C E P M R R Y J
```

Rescue the perishing,
Care for the dying,
Snatch them in pity from sin and the grave;
Weep o'er the erring one,
Lift up the fallen,
Tell them of Jesus, the Mighty to save.

RESCUE	ERRING
PERISHING	LIFT
CARE	FALLEN
DYING	JESUS
SNATCH	MIGHTY
GRAVE	SAVE
WEEP	

Rest for the Weary

```
R X R G E E Y F M D
E C T O R M U W V M
M L H E I L O Q L T
A L H R F V B H S D
I T A I I E A E Q J
N G L N F S U S G B
S L O O D Q T L M R
N O R N E K O I E Y
T E U R E R K S A N
R R K L Y T T W L N
```

In the <u>Christian</u>'s <u>home</u> in glory,
There <u>remains</u> a <u>land</u> of <u>rest</u>;
There my <u>Savior</u>'s <u>gone</u> <u>before</u> me
To <u>fulfill</u> my <u>soul</u>'s <u>request</u>.

CHRISTIAN	SAVIOR
HOME	GONE
GLORY	BEFORE
THERE	FULFILL
REMAINS	SOUL
LAND	REQUEST
REST	

Ride On, Ride On in Majesty

```
G E U S R U P L T S
S A D B X O R T T R
C H R I S K I R Z M
A O N M R E O V A Q
T S S A E W B J A D
T A H M E N E I A S
E N M D L S T O R J
R N W E T A R S Q T
E A W Y E N P D K T
D Y L Z R K J D J B
```

Ride on, ride on in majesty!
Hark! all the tribes hosanna cry;
O Savior meek, pursue Thy road
With palms and scattered garments
    strowed.

RIDE	PURSUE
MAJESTY	ROAD
HARK	PALMS
TRIBES	SCATTERED
HOSANNA	GARMENTS
SAVIOR	STROWED
MEEK	

Ring Out, Wild Bells

```
B V T Y T D G Y W D B L
C L O U D M L N X Y E J
L B T L V Z T I I T R Y
G N I Y L F D H W Y K N
L Y W Y N V G B G S S D Q
Y Z J T R R Y R E I Z V
B Y M S I D A T J L L D
D J L O N B H E K B L Z
Z V W R G G X D Y N Q S
D Y K F I W D K Y J D M
D K M N R R B X Q K J J
```

Ring out, wild bells, to the wild sky,
The flying cloud, the frosty light:
The year is dying in the night;
Ring out, wild bells and let him die.

RING	FROSTY
WILD	LIGHT
BELLS	YEAR
SKY	DYING
FLYING	NIGHT
CLOUD	LET

Rise, My Soul, and Stretch Thy Wings

```
Y H W N Y M E G P N L N
R C D Z O S Q R S O U L
O T B E I I E S G N I W
T E E R N P T O W A R D
I R T R A I S R D T K N
S T T R E R T E O E M T
N S E N A M C S T P B W
A D R T O A O S E B P D
R N S M Y O A V Z D N R
T T L B L H M Y E X L V
```

Rise my soul, and stretch thy wings,
Thy better portion trace;
Rise from transitory things,
Toward heav'n, thy destined place:
Sun and moon and stars decay,
Time shall soon this earth remove;
Rise, my soul, and haste away
To seats prepared above.

RISE	DESTINED
SOUL	MOON
STRETCH	STARS
WINGS	DECAY
BETTER	REMOVE
PORTION	HASTE
TRANSITORY	PREPARED
TOWARD	

Rise Up, O Child of God!

```
Z Q M E K I N G Z W L
T S V T X G Z Q G M N
Z A G G T L D T D L J
H T G N E R T S S J K
C N D S I G A E S I R
N H S O I H R E S G P
Q E I V N V T O H D Q
R J E L E E U D N I M
B P Z L D L T M R J M
```

Rise up, O child of God!
Have done with lesser things;
Give heart and soul and mind and strength
To serve the King of kings.

RISE	HEART
CHILD	SOUL
HAVE	MIND
DONE	STRENGTH
LESSER	SERVE
THINGS	KING
GIVE	

Rock of Ages

```
D L F L R H H P N L Y D J
M L Q O I E L A D R E V G
N I D D R A T E N N J M T
D F E E B E W A O D E M L
V L R O M O V T W R S D W
J U R O L A A E U Z T Z N
S F V F C D N P R Q T T T
C A G N G K R D Z E A L T
U W V J X Q N Y S R A E T
R P N E M Q X B M J W G J
E R M B T D L T M K R W G
```

Rock of Ages, cleft for me,
Let me hide myself in Thee;
Let the water and the blood,
From Thy wounded side which flowed,
Be of sin the double cure;
Save from wrath and make me pure.

Not the labor of my hands
Can fulfill Thy law's demands;
Could my zeal no respite know,
Could my tears forever flow,
All for sin could not atone;
Thou must save, and Thou alone.

ROCK
HIDE
WATER
FLOWED
CURE
PURE
LABOR
HANDS
FULFILL
DEMANDS
ZEAL
TEARS
FOREVER
ATONE
SAVE

Round the Lord in Glory Seated

```
A L T E R N A T E N V R V
M S E R A P H I M B Q K R
I Y F T M N R V K J B K X
B D I E D E T A E P E R T
U E L M R D Y Y N Y M Q N
R T L P O G R K R E A C H
E A E L U B L O P J L Y K
H E D E N R L V L B M R J
C S J Q D G T R J N L B L
```

Round the Lord in glory seated,
Cherubim and seraphim
Filled His temple, and repeated
Each to each th'alternate hymn.

ROUND	FILLED
LORD	TEMPLE
GLORY	REPEATED
SEATED	EACH
CHERUBIM	ALTERNATE
SERAPHIM	HYMN

Safe in the Arms of Jesus

```
E R E P S A J R J R
L S U S E J A Y Y T
T N V L D N S L T F
N S T O G E T A I D
E R M E I E D E F B
G L L R E C L A O E
K S U W A D E R H G
N R S O S M N T N S
T R A B S E D O G M
R J Y H T P S M Y L
```

Safe in the <u>arms</u> of Jesus,
Safe on His <u>gentle</u> breast,
There by His love o'er-<u>shaded</u>,
<u>Sweetly</u> my <u>soul</u> shall rest.
<u>Hark</u>! 'tis the <u>voice</u> of <u>angels</u>,
<u>Borne</u> in a <u>song</u> to me,
Over the <u>fields</u> of glory,
Over the <u>jasper</u> sea.

SAFE	HARK
ARMS	VOICE
JESUS	ANGELS
GENTLE	BORNE
SHADED	SONG
SWEETLY	FIELDS
SOUL	JASPER

Saved, Saved!

```
N F Y L R E M I L B U S
D R R M I G X C B S N T
I F T I R F O Z A J O Y
V K O A E M T V L L Y V
I S C U P N E O D Q L
N E W L N D D V D N G Y
E T E E T D E R Z P J L
M T A R E X F T M Q Q R
E N U H R T I W N T D N
D E Q N W Z L X Q R K D
```

I've <u>found</u> a <u>friend</u>, who is all to me,
His <u>love</u> is ever true;
I love to tell how He <u>lifted</u> me,
And <u>what</u> His <u>grace</u> can do for you.

Saved by His pow'r <u>divine</u>,
Saved to new life <u>sublime</u>,
<u>Life</u> now is <u>sweet</u> and my <u>joy</u> is <u>complete</u>,
For I'm saved, saved, saved!

FOUND	DIVINE
FRIEND	SUBLIME
LOVE	LIFE
LIFTED	SWEET
WHAT	JOY
GRACE	COMPLETE

Savior, Lead Me, Lest I Stray

```
W  X  R  V  Z  L  Y  P  Y  N  R  K
M  Y  X  B  Y  L  E  L  X  R  Q  J
N  A  W  O  U  L  D  S  T  P  T  D
W  B  E  S  R  Y  T  N  T  N  W  L
O  L  M  R  A  A  E  F  A  S  E  B
D  Y  R  R  T  V  B  Q  M  L  T  G
W  J  T  X  X  S  I  I  L  J  B  M
D  S  D  A  E  L  S  O  D  R  D  D
J  D  N  M  L  G  V  I  R  E  Z
L  R  I  X  P  E  M  T  D  Y  P  N
W  T  W  Z  Z  X  Y  W  M  E  L  T
```

Savior, <u>lead</u> me, <u>lest I stray</u>,
<u>Gently</u> lead me all the way;
I am <u>safe</u> when by Thy <u>side</u>,
I <u>would</u> in Thy <u>love</u> <u>abide</u>.

Lead me, lead me,
Savior, lead me, lest I stray;
Gently <u>down</u> the <u>stream</u> of <u>time</u>,
Lead me, Savior, all the way.

SAVIOR	WOULD
LEAD	LOVE
LEST	ABIDE
STRAY	DOWN
GENTLY	STREAM
SAFE	TIME
SIDE	

Savior, Teach Me

```
S E V O M L S E R V E J
A K M V X Z O Q N X G Q
V R N M G M Y V Z M M Z
I L Q Q X N Y J I J J V
O M G W T Q I W L N R N
R T J E Q P Y D R G G G
T F E Y R R T T D L D F
T W O O D H Q E E I I B
S B M L E K O S A R B M
Y P I A L B S G S C G G
T H R L E O L T Q W H R
C T Q Y N W W Q R W L X
```

Savior, teach me, day by day,
Love's sweet lesson to obey:
Sweeter lesson cannot be—
Loving Him Who first loved me.

With a child-like heart of love,
At Thy bidding may I move,
Prompt to serve and follow Thee—
Loving Him Who first loved me.

SAVIOR	CHILD
TEACH	HEART
SWEET	BIDDING
LESSON	MOVE
OBEY	PROMPT
LOVING	SERVE
FIRST	FOLLOW

Seeds of Promise

```
R T A H W S W N N B
E B L B E D V O L Q
T T T E T G L U R A
T F D S N D F E L G
A S E I E T E O I N
C Y V R I V N E I F
S O I U T G R A D S
L D R E Q I R A O S
G F N Z L G L W H G
L W M A D D N E Y J
```

O, *scatter* *seeds* of *loving* *deeds*,
Along the *fertile* *field*;
For *grain* will *grow* from what you *sow*,
And *fruitful* *harvest* *yield*.

SCATTER	GRAIN
SEEDS	GROW
LOVING	SOW
DEEDS	FRUITFUL
ALONG	HARVEST
FERTILE	YIELD
FIELD	

Seeking for Me

```
B W O N D E R F U L
S E J S S A V I O R
E S T N O C A M E L
E U Q H N R M G E R
K S T J L A R M B Q
I E G S N E A O B T
N J H G E H H O W Q
G D E I S L R E D R
N R X W S N B Z M J
```

Jesus, my Savior, to Bethlehem came,
Born in a manger to sorrow and shame;
O it was wonderful, blest be His Name!
Seeking for me, for me!

JESUS	SORROW
SAVIOR	SHAME
BETHLEHEM	WONDERFUL
CAME	BLEST
BORN	HIS
MANGER	SEEKING

Shall We Meet Beyond the River

```
R E V E R O F V M V G
S P R E S S B R N D V
O U J Y T R S H A L L
R B R E I Y E Y C R J
R N E G R R M E R D D
O M H Y E E A D L N M
W T J H O S V L U O S
T Q W N E N O I Z Y Z
X R N Y W R D B R B W
```

Shall we meet beyond the river,
Where the surges cease to roll;
Where in all the bright forever,
Sorrow ne'er shall press the soul?

SHALL	ROLL
MEET	BRIGHT
BEYOND	FOREVER
RIVER	SORROW
WHERE	PRESS
SURGES	SOUL
CEASE	

Shepherd of Tender Youth

```
S U O I V E D R B Q X G T
T N M J D H E Q G Z Q P P
R Y K T J H T D R G Y R Q
U T R J T R R U M D A J P
T T N I N S V C O I T R J
H L H A W B H D S Y T D W
N P W W H I W E B R I N G
L D M D L P R M P L R N N
L Y V D Y E M J Q H I G L
K O R Z D N Q U Q D E V M
D E V N D A N G I Z B R X
N Y E E Z M T U J R L Q D
R T Y W G E G L R D T J X
```

Shepherd of tender youth,
Guiding in love and truth,
Thru devious ways;
Christ, our triumphant King,
We come Thy name to sing,
Hither our children bring
To shout Thy praise.

SHEPHERD	TRIUMPHANT
TENDER	NAME
YOUTH	HITHER
GUIDING	CHILDREN
LOVE	BRING
TRUTH	PRAISE
DEVIOUS	

Sing to Me of Heaven

```
G T O I L S D N I B
N E B M T E O G T G
I S K U T R N N S L
S A H F R I A R G N
S E I E S D E E P Y
E L G S A W E E H J
L E E N O V A N L Z
B R M H I C E B S L
P T S Z E S D N W D
```

Sing to me of heaven, sing that song of peace,
From the toils that bind me it will bring release;
Burdens will be lifted that are pressing so,
Showers of great blessing o'er my heart will flow.

SING
HEAVEN
SONG
PEACE
TOILS
BIND
RELEASE

BURDENS
LIFTED
PRESSING
SHOWERS
BLESSING
HEART

Sitting at the Feet of Jesus

```
G Y W L X P N M M V T T Q
V N A N R Y R N Q Z Z R R
X G I H I S Q M G M T Y D
N X T T W X T Q R Y M Y N
K G I W S B N E W F S E K
K M N A D U W L E I F E G
L E G Y R O R E T A C N B
K T E R P D T T S A I N Y
G Z N P V D I S R H J A Y
E H T Z B N U G C L D N W
V X B N G S Y T J M L M N
V X Y X E P A Z D X J K L
T V Y J M W W L J Z W L R
```

Sitting at the feet of Jesus,
Watching, waiting ev'ry day;
Trusting in His grace and power,
Safe to keep me all the way.

SITTING	TRUSTING
FEET	GRACE
JESUS	POWER
WATCHING	SAFE
WAITING	KEEP
DAY	WAY

Sometime We'll Understand

```
P R A I S E R B X L N M Z
H Z T Y L R L M Z K J M T
A Y R U X R E T D L O H Z
N V Q M N A E Z I T Q X Z
D R N K N D Z A Q M J Y J
D Y D I S G E R D T E D L
N L N R T N N R E Z N L Y
A G A S K L P I S T B P D
L E U P S R M L M T T L M
Y R R R K D M Y D O A E G
T J A R V L J Z Q M C N B
R E A R J J Y M B W M Y D
T D Z D G L K N J Q M B W
```

Not now, but in the <u>coming</u> <u>years</u>,
It may be in the <u>better</u> <u>land</u>,
We'll <u>read</u> the <u>meaning</u> of our <u>tears</u>,
And there, some <u>time</u>, we'll <u>understand</u>.

Then <u>trust</u> in God thro' all the days;
Fear not, for He doth <u>hold</u> thy <u>hand</u>;
Though <u>dark</u> thy way, still sing and <u>praise</u>,
Some time, some time we'll understand.

COMING	TIME
YEARS	UNDERSTAND
BETTER	TRUST
LAND	HOLD
READ	HAND
MEANING	DARK
TEARS	PRAISE

Stand by Me

```
G N T W W G M D Q R T
R N H D N A N U O H T
Q E I I L A T S G Q Q
N G G S T R T E R W X
U A Y S S O O U R Z L
R P J V R O L W D M X
N I O M M E T N L Q B
G H S N S G I Y X T Y
R S K T R W T D D Z V
```

When the storms of life are raging,
Stand by me,
When the storms of life are raging,
Stand by me;
When the world is tossing me
Like a ship upon the sea,
Thou who rulest wind and water,
Stand by me.

WHEN	SHIP
STORMS	UPON
RAGING	THOU
STAND	RULEST
WORLD	WIND
TOSSING	WATER

Stand Firm, Be Not Afraid

```
D L N M J L Q D J M D Q W
I J N L M M R I F M W O D
S U O E G A R U O C H E G
M T N D P D L P Z O N M G
A S R I X V J W S O U N P
Y N V R W D B T A S K J L
E I A F R A I D T Y X J K
D A P S Y Y D R L G S D J
X G D Q T P L N Y N V Q L
P A T M Z A B D Q R S R V
J N T Z T J N L L G L I W
X P J W D J R D W Z X K N
```

Stand firm, be not afraid,
Courageous, not dismayed,
For one with God must always win
Against the host of sin.

STAND	MUST
FIRM	ALWAYS
AFRAID	WIN
COURAGEOUS	AGAINST
DISMAYED	HOST
ONE	SIN
GOD	

Stepping in the Light

```
G X D G W O L L O F N G
N M M E N S J N E R B M
I W K L S I O L J T Y N
Y S L S N S P N N G K V
R H A X P M E A G J J M
T A W V A E B L H S V L
Q P R X I R T G B S P D
R P E B I O N S E V I L
T Y W N X I R L M T X J
Z B G Y K N P G X L L N
```

Trying to walk in the steps of the Savior,
Trying to follow our Savior and King;
Shaping our lives by His blessed example,
Happy, how happy, the songs that we bring.

TRYING

WALK

STEPS

SAVIOR

FOLLOW

KING

SHAPING

LIVES

BLESSED

EXAMPLE

HAPPY

SONGS

BRING

Sun of My Soul

```
X T S K K R T D A W B D T
K V A V N P V L R B M R T
K S V V R N L B I B L H C
N E I T X V M N S S G L R
N R O B H T R A E I O A S
R V R E V I P M N U E U Z
W A D J E R D E D N N T L
W N E J B H J E Y T M Z K
L T M D B R T Y L E Q R G
B B T D Q Y R K T M S R X
```

Sun of my soul, Thou Savior dear,
It is not night if Thou be near;
O may no earthborn cloud arise
To hide Thee from Thy servant's eyes!

SUN	CLOUD
SOUL	ARISE
SAVIOR	HIDE
DEAR	THEE
NIGHT	SERVANT
NEAR	EYES
EARTHBORN	

Sunlight, Sunlight

```
N I G H T D S L S B
R Y T P L E M S I W
M W Y H D O E D A J
F R I A G N V N M S
X L H T K I D E U M
T S E R H E L S D C
H I A E R J E N A N
I D L E R J N M U T
S Z D L T H E T V S
```

I wandered in the shades of night,
Till Jesus came to me,
And with the sunlight of His love
Bid all my darkness flee.

WANDERED	WITH
SHADES	SUNLIGHT
NIGHT	LOVE
TILL	BID
JESUS	DARKNESS
CAME	FLEE

Sweeter Than All

```
S C R E V E N T B D Z B Y
U H B G R V Z K W L V K L
O R P W N Q S K L H V N T
I I R W R N Z W V L I L W
C S M D B X L M E Y L L L
E T Y L H F G J Q E J V E
R P D E O Z A N E Z T K J
P J A L B V Z L M S D E L
W R D X R J I T L R U M R
D R R D M O J N O T Z S R
B V O B N L W F G S H P Q
D B L Z R I F K Z Q G A L
W D B J N A F V M Z X K N
```

Christ will me His aid afford,
Never to fall, never to fall;
While I find my precious Lord
Sweeter than all, sweeter than all.

Jesus is now, and ever will be,
Sweeter than all the world to me,
Since I heard His loving call,
Sweeter than all, sweeter than all.

CHRIST	LORD
AFFORD	SWEETER
NEVER	JESUS
WHILE	WORLD
FIND	HEARD
PRECIOUS	LOVING

Take My Heart, O Father!

```
G N D N L T P K R N
N K V N H O K U S Y
I R M I Y R W T R E
N P N W E L O L C E
R E R H L N O A Y R
U T T O E Y E H E L
T A R R U P G K N P
F Z K A V D A Y E U
T L E M E T R E Z M
L J D G Y H K K T Q
```

Take my heart, O Father! take it;
Make and keep it all thine own;
Let thy Spirit melt and break it,
This proud heart of sin and stone.

Father make me pure and lowly,
Fond of peace and far from strife;
Turning from the paths unholy
Of this vain and sinful life.

TAKE	STONE
HEART	PURE
FATHER	LOWLY
KEEP	PEACE
THINE	TURNING
MELT	UNHOLY
PROUD	

Take the Name of Jesus with You

```
P M Z M Q Q N Q G X B P
R T E E W S E Y D X B S
E C X C Y R K P B Q O X
C V O L H E J R O R Y N
I Y D M A I Z E R H E R
O O T R F Y L O S V J G
U J T W L O W D I U M M
S H T A K E R G Z M S M
E M A N W O E T T P L T
```

Take the <u>name</u> of <u>Jesus</u> with you,
<u>Child</u> of <u>sorrow</u> and of <u>woe</u>;
It will <u>joy</u> and <u>comfort</u> <u>give</u> you,
Take it then where'er you go.

<u>Precious</u> name, O how <u>sweet</u>!
<u>Hope</u> of <u>earth</u> and joy of heav'n;
Precious name, O how sweet!
Hope of earth and joy of heav'n.

TAKE	COMFORT
NAME	GIVE
JESUS	PRECIOUS
CHILD	SWEET
SORROW	HOPE
WOE	EARTH
JOY	

Take Time to Be Holy

```
L T J T T M C N O T H I N G
R Z J G K L H Z W Z Y R N B
G L N A J N I T W L D Y N J
L N E M B N L M O L N R G M
J P I D Y A D H Z Z Q Y O Q
S G Q T L F R I E N D S B L
K V L W T F E R V K J L N R
T E A R E E N D Y Z E N M D
W Y E E A M G T D S D L D W
S M D S L B R R S N R V M P
T P Q M M D I I O M O D Y L
J Y K W K Q N D Y F W L T W
Y V M L Z G K T E W D N X W
```

Take time to be _holy_,
Speak oft with thy _Lord_;
Abide in Him _always_,
And _feed_ on His _Word_;
Make _friends_ of God's _children_;
Help those who are weak;
Forgetting in _nothing_
His _blessing_ to _seek_.

HOLY	FRIENDS
SPEAK	CHILDREN
LORD	FORGETTING
ABIDE	NOTHING
ALWAYS	BLESSING
FEED	SEEK
WORD	

Tell It to Jesus Alone

```
G K T K T X N Y N R R Y N
N M J M Z R B B D J L M Z
I V B B Z M R D T B D G R
V B R O T H E R J W G G N
E P Y J W D N J E E J P J
I D E T R A P E D H S L J
R W R Y N K D Y Z J T U G
G E D Q V E N A K S J O S
J A K N T A L P Y N P M J
L R N R E O E O L J O V Q
Y Y A N N I J H X R Y W G
G E N E T G R R B W L Q N
H K N B D R Q F R B M B N
```

Are you _weary_, are you _heavy_ _hearted_?
Tell it to _Jesus_, tell it to Jesus;
Are you _grieving_ over _joys_ _departed_?
Tell it to Jesus _alone_.

Tell it to Jesus, tell it to Jesus;
He is a _Friend_ that's well _known_;
You have no _other_ such a friend or _brother_;
Tell it to Jesus alone.

WEARY	DEPARTED
HEAVY	ALONE
HEARTED	FRIEND
JESUS	KNOWN
GRIEVING	OTHER
JOYS	BROTHER

Tell Me the Story of Jesus

```
T J H E A R D M D Z B Q Y B
M S B Y W A T R A E H Y V K
B D W R Y Y N D M T D W D T
Y P I E R T L G M H E N I R
Z T T O E V S R E L T D Q G
E T T T Y T L E C L I R N T
P S B P D D E O H N S P I L
E G L O R Y M S G G K J G B
A R M T S E D S T Y I X N M
C L Y U D M C B M D Q H T Y
E Q S T N W P I R G Y Z L L
P E R R T Y L O O P Y L J Z
J T D X N D W M Y U D G R N
T N X B R X N Y R G S N R L
```

Tell me the story of Jesus,
Write on my heart ev'ry word;
Tell me the story most precious,
Sweetest that ever was heard;
Tell how the angels in chorus,
Sang as they welcomed His birth;
"Glory to God in the highest!
Peace and good tidings to earth."

STORY	ANGELS
JESUS	WELCOMED
WRITE	BIRTH
HEART	GLORY
WORD	HIGHEST
PRECIOUS	PEACE
SWEETEST	TIDINGS
HEARD	

The Beauteous Day Now Closeth

```
S B R L E S Z H R R L X G
X U V E H E T R F M B N Y
V B O A K E R A J T B W Y
S C D E S A L T H Y B D X
P E L O T L M A N I G H T
E R P O I U N G N Z K Q P
E E G N S K A H J W G D Q
R V G O S E C E I D M P B
C I B L O A T L B D O O W
R G D Z E D D H Y N D P D
```

The <u>beauteous</u> day now <u>closeth</u>,
<u>Each</u> flow'r and <u>tree</u> <u>reposeth</u>,
<u>Shade</u> <u>creeps</u> o'er <u>wild</u> and <u>wood</u>.
Let us, as <u>night</u> is <u>falling</u>,
On God, our <u>Maker</u>, calling,
Give <u>thanks</u> to him, the <u>Giver</u> good.

BEAUTEOUS	WOOD
CLOSETH	NIGHT
EACH	FALLING
TREE	MAKER
REPOSETH	THANKS
SHADE	GIVER
CREEPS	GOOD
WILD	

The End of the Way

```
H G D Z W D R B J S Q
T T Z E H A I O T Y R
A L L E U L S N U E B
P G A J L D I H G G B
W R A O O R B N E X H
D O W L P Y A U N D Y
S S L T I R F A S A P
Z D O L T L E U D R E
X O N S O D E O L N L
F D Q A U F T A O L D
L R J J S G D L N W Y
```

The <u>sands</u> have been <u>washed</u> in the <u>footprints</u>
Of the <u>Stranger</u> on Galilee's shore,
And the voice that <u>subdued</u> the <u>rough</u> billows
Is <u>heard</u> in <u>Judea</u> no more;
But the <u>path</u> of that <u>lone</u> Galilean
Will I <u>joyfully</u> follow <u>today</u>.

SANDS	JUDEA
WASHED	PATH
FOOTPRINTS	LONE
STRANGER	GALILEAN
SUBDUED	JOYFULLY
ROUGH	FOLLOW
BILLOWS	TODAY
HEARD	

The Holy City

```
J E R U S A L E M G C
M M G E D I S E B H W
E G M N R R L R I R M
M L N A I M E L I T L
X N P I E P D W J A S
T L E M G R E G S L F
D H Y V E N D E E N V
C O G N A T I G L O A
M A O I M E N S I S R
G K M T N A H C G V A
X R X E S V E J Q K R
```

Last night I lay a-sleeping
There came a dream so fair,
I stood in old Jerusalem
Beside the temple there.
I heard the children singing,
And ever as they sang,
Me thought the voice of angels
From heaven in answer rang.

NIGHT
A-SLEEPING
CAME
DREAM
FAIR
STOOD
JERUSALEM
BESIDE

TEMPLE
CHILDREN
SINGING
VOICE
ANGELS
HEAVEN
ANSWER

The Lord Is My Shepherd

```
R I G H T E O U S N E S S
P W Q N R M N H D Q O W Z
Y A T U Y K E D M U A D R
W M S P I P N N L N Y Y L
A Y B T H E E I T V B Y D
T N L E U E T N H E Z X W
E N R D R R A G R T Z Q D
R D S G A M E O N L I X L
S W H L E E T S J D O W N
J Y T M I S L X M L Y M N
Q R A D E E T M N G T J D
R X P R L Y N Q B R G P X
```

The Lord's my shepherd, I'll not want;
He makes me down to lie
In pastures green; He underline{lead}eth me
The quiet waters by.

My soul He doth restore again,
And me to walk doth make
Within the paths of righteousness,
E'en for His own name's sake.

SHEPHERD	WATERS
WANT	SOUL
DOWN	RESTORE
LIE	WITHIN
PASTURES	PATHS
GREEN	RIGHTEOUSNESS
LEAD	NAME
QUIET	

Under His Wings

```
M L M B B D S G T K E E P
T R D K Y G G X M L W D Y
R S V R X N N Z Y D L J G
K T U L E I I M L W N D N
X E M R R D W Y D V E K L
Y M T Y T I E P R E D N U
Q P D H L B N E P W Y N Y
N E W L G A R E M L I C P
J S I O D I N Y E E H L D
N T D T N S N F T I D Z D
S S B X R K A Y L X T P J
Z N J R T S M D L K K T B
```

Under His wings I am safely abiding;
Tho' the night deepens and tempests are wild,
Still I can trust Him; I know He will keep me;
He has redeemed me, and I am His child.

UNDER	WILD
WINGS	STILL
SAFELY	TRUST
ABIDING	KNOW
NIGHT	KEEP
DEEPENS	REDEEMED
TEMPESTS	CHILD

Unsearchable Riches

```
U D N B Z N L T A H T W N D
M N Q M P N J J Y B K X G B
E Y S T R R S Q M Z T L M Q
X C L E Z D E E N T Y V Y Q
H R T M A Z N C H D N N G Y
A E D G P R H T I C J J Q D
U M N D R R C H V O I P L T
S Z D R I A T H G M U R M D
T X Z S E L C O A Y R S Y J
L X T J A V L E D B T O L D
E B Z E M D E X G Q L K M N
S V W P K M W N K L D E D Z
S L J V D Y Y R L Y Q K M N
```

O the _unsearchable_ _riches_ of _Christ!_
Wealth _that_ can _never_ be _told;_
Riches _exhaustless_ of _mercy_ and _grace,_
Precious, more precious than _gold!_

UNSEARCHABLE	TOLD
RICHES	EXHAUSTLESS
CHRIST	MERCY
WEALTH	GRACE
THAT	PRECIOUS
NEVER	GOLD

Unseen, but Known

```
B L E S S E D L Y N L Q T
Y Z Z P Y J D K Q Y L P E
Y N B R Z V N Y R I X N R
L B X F A E M T E A I Y D
G T O L E D J V G H D T K
P R L W N B I E T S E Y E
M N T E R L D A S R V L X
Z E V D E M Z D N U N K J
B E K S M S N D Z T S N K
R D N N I G V E N D J N E
L E R Y N N P X E M N C D
S J M N E A L N N S A R Z
M R J T P H T M X F L K M
```

Jesus, these <u>eyes</u> have <u>never</u> <u>seen</u>
That <u>radiant</u> <u>form</u> of <u>Thine</u>;
The <u>veil</u> of <u>sense</u> <u>hangs</u> <u>dark</u> between
Thy <u>blessed</u> <u>face</u> and <u>mine</u>.

JESUS	SENSE
EYES	HANGS
NEVER	DARK
SEEN	BETWEEN
RADIANT	BLESSED
FORM	FACE
THINE	MINE
VEIL	

Unto the Hills

```
T V K R A E K S N L T T G
L Y R R S K A J E S O T K
Z Z I E M H J R A Y M R D
N S J Q C G A L T J E N D
E H T O D N V L J H I B T
D Z R N G A E M L A Q R G
P O Q Y T N J H T N N B M
D J G I T Z I R W R G G D
D Z O C M M E G S L L I H
I N K T O C Q Z N L Q G M
A L F R L M J J Y O B M B
D I J R Q L E K R Z L Q W
L Y D N Y V Q V Q G N R Y
```

Unto the <u>hills</u> around do I <u>lift</u> up
My <u>longing</u> <u>eyes</u>;
O <u>whence</u> for me <u>shall</u> my <u>salvation</u> come,
From whence <u>arise</u>?

From <u>God</u> the <u>Lord</u> <u>doth</u> come my
  <u>certain</u> <u>aid</u>,
From God the Lord, who heav'n and
  <u>earth</u> hath made.

HILLS	ARISE
LIFT	GOD
LONGING	LORD
EYES	DOTH
WHENCE	CERTAIN
SHALL	AID
SALVATION	EARTH
COME	

Victory Must Be Won

```
K D Y E L T T A B Y D
D I O R H W G P R J Q
D D N G O L B E L O W
W A I G E T U B C D R
R L E P D Q C H K B N
Z I S R N O R I W V Y
N O G O P I M O V Z D
G O C H S S N N W G R
N X S T T R N D K T M
```

We will <u>spread</u> the <u>gospel</u> <u>Light</u>,
We will <u>battle</u> for the <u>right</u>,
In the <u>kingdom</u> of <u>God</u> and His <u>Son</u>;
We will <u>conquer</u> ev'ry foe,
On this battlefield <u>below</u>,
For the <u>victory</u> for <u>Christ</u> must be <u>won</u>.

SPREAD	SON
GOSPEL	CONQUER
LIGHT	BELOW
BATTLE	VICTORY
RIGHT	CHRIST
KINGDOM	WON
GOD	

ANSWER KEY

A Beautiful Life

```
R G D W X B N B E S T
H N N E H E D O N E Y
S E D I E E N D G T X
P D L D T D R N J W M
A L L P N T I E Q G N
N O S L I N E A R T H
Z G I Y E N S S R V M
R F K V A U G H C A E
E P E M N D J W J L V
```

A Blessing in Prayer

A Child's Evening Prayer

A Home in the Skies

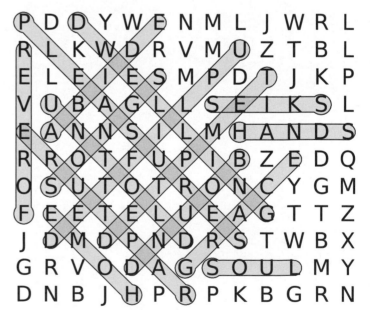

A Joyful Song

```
T H A N K F U L L Y G Y Z
E G E Q L Z A T M N V P Y
E C N C L U K T I R B L K
S L N I I G F T H L T Y Z
I Q G E S O S Y E E T M Y
A N A G D A J S O R R J M
R R T G L I S E A J B D R
P N H R O O V E R J R T K
L Y E B N D H O E C I O V
G V R G E V O L R L M X P
E W L X Y D Y R P P Q X V
```

A Mighty Fortress

```
F F K Y T H G I M S E E K
A G O R E P L E H J A D P
I N N R A M O D D A N M R R
L L R I T W Z O C R D Q K
I Y L J L R L I O Y T J R
N M K A J I E U Q L M H B
G D Q T N A S B N F N F
E Y R F T R D V S N D J T
V Q A E J K O Z E E B J D
T R U V A L M M R N L Y
C T Q A D T Y R D G P Y V
P X T J L L A J Z B J M R
```

Above the Clear Blue Sky

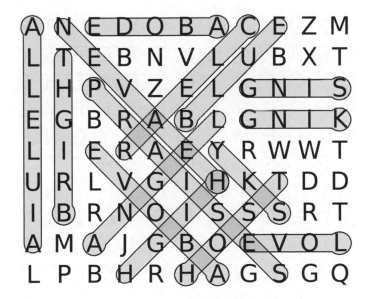

```
A N E D O B A C E Z M
L T E B N V L U B X T
L H P V Z E L G N I S
E G B R A B D G N I K
L I E R A E Y R W W T
U R L V G I H K T D D
I B R N O I S S R T
A M A J G B O E V O L
L P B H R H A G S G Q
```

All My Heart

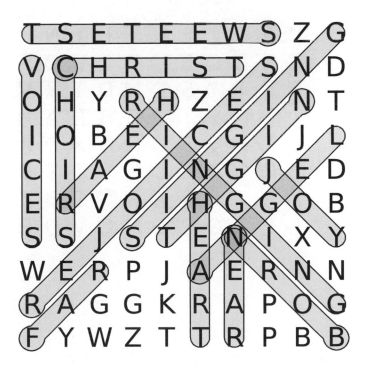

```
T S E T E E W S Z G
V C H R I S T S N D
O H Y R H Z E I N T
I O B E I C G I J L
C I A G I N G J E D
E R V O I H G G O B
S S J S T E N I X Y
W E R P J A E R N N
R A G G K R A P O G
F Y W Z T R P B B
```

Always With Us

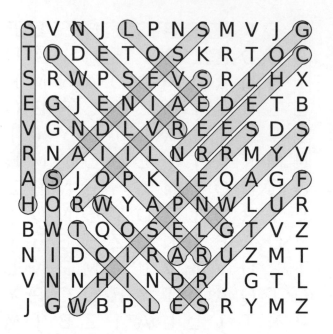

```
S V N J L P N S M V J G
T D D E T O S K R T O C
S R W P S E V S R L H X
E G J E N I A E D E T B
V G N D L V R E E S D S
R N A I L N R R M Y V
A S J O P K I E Q A G F
H O R W Y A P N W L U R
B W T Q O S E L G T V Z
N I D O I R A R U Z M T
V N N H I N D R J G T L
J G W B P L E S R Y M Z
```

Amazing Grace

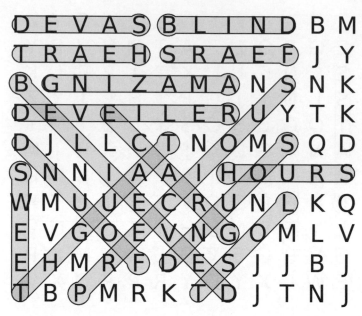

```
D E V A S B L I N D B M
T R A E H S R A E F J Y
B G N I Z A M A N S N K
D E V E I L E R U Y T K
D J L L C T N O M S Q D
S N N I A A I H O U R S
W M U U E C R U N L K Q
E V G O E V N G O M L V
T H M R F D E S J J B J
T B P M R K T D J T N J
```

Be Still My Soul

```
P A T I E N T L Y N N
G R E D R O E L U O S
R Z T Y S D M D T Z V
I L H S I I R B E A R
E T E V S O D N X D W
F R O A L O I E T T B
Z R Z P V A R G O D Z
P Y R Q P E M C V Q R
```

Be Thou My Vision

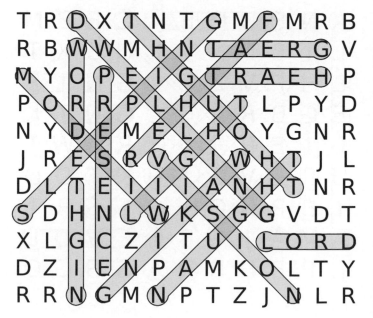

```
T R D X T N T G M F M R B
R B W W M H N T A E R G V
M Y O P E I G T R A E H P
P O R R P L H U T L P Y D
N Y D E M E L H O Y G N R
J R E S R V G I W H T J L
D L T E I I I A N H T N R
S D H N L W K S G G V D T
X L G C Z I T U I L O R D
D Z I E N P A M K O L T Y
R R N G M N P T Z J N L R
```

Be with Me Lord, Where'er I Go

```
W D Y Y R Y G B W Y R W
B Y T P D L G T J R E N
P Y Z Z R Q P R R A N Y
N R R L G W N D K W D N
W R E S T R E N G T H D
T O Y V I C E R I D R E
R S R J E S L T M M D X
O T E R S N Z M E I Z L
B H B G A L T D F A O D
R O D R G N W N Y R C L
A U L G X U O N D L M H
H Y T P T C S P M T G D
```

Beautiful Home

```
B W D L B Y M F Y M A
E S A H A P P Y R E R
N D I P T Z Y S E W
U E T E T L I G H T E
T H N M I K P B L Z
I R G W N E N E T J D
F I O V V E G M E X
U R R Q A D D V O R
L B B C R N O A E A H
P T J T A W S L E R M
Y D H L N G R W Z W N
```

Behold the Saviour

```
Y L T B A C R O W N M Y R
D R B E K R Q B Z D M T M
J B M H P M R R P T X Q D
R P R O D V Q A Y W G V M
J U B L Z Y S D Y D X G Z
Y T O D J N R T N E L I S
M M E I R T S A L A D N E
D E R O V N K P V K T B T
D J H R R A R Y I L O S E
P T Q O N U S N L R A X K
X G D N P V G Z Y N Y C L
N A D J D P J T J L R D L
```

Blessed Assurance

```
E C N A R U S S A B N N
G R P Y Z R J T L O D L
B B D T R N K E I X G L
B L E S S E D T S N V G
S D R J K D A R I U L N
A W I B R V E S T O S J
V E V L S I H R J Y R
I B H A I A P Y S R B G
O M S G R N J I O A N P
R T O P K R E T R O W Y
D D L G Y O S Q S I G W
L P J D T B D J Y J T B
```

Blessed Rock

J G B T W X L S R X X B Y
G J S M N L S B D E R O S
S A G T W E R J J X Z T J
L S R L L R T T P X Q M X
R K O P D I S M A Y E D B
D F L R T W Y J D Y P L Z
W E G Z C P M E P R A N T
H A D T R K H T V S G T L
M R X B A C D B T D O C R
B F V E A L D R B L L Y V
T U W E I D T R O I M T V
N L R W T W N T N C W W M
V T B X D D M G T N K R Y

Bread of the World

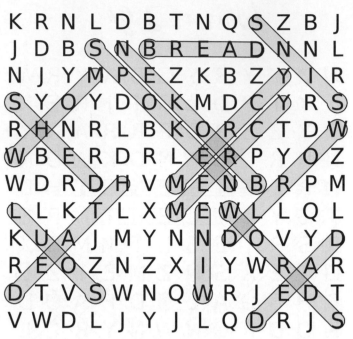

K R N L D B T N Q S Z B J
J D B S N B R E A D N N L
N J Y M P E Z K B Z Y I R
S Y O Y D O K M D C Y R S
R H N R L B K O R C T D W
W B E R D R L E R P Y O Z
W D R D H V M E N B R P M
L L K T L C M E W L L Q L
K U A J M Y N D O V Y D
R E O Z N Z X I Y W R A R
D T V S W N Q W R J E D T
V W D L J Y J L Q D R J S

Child of the King

N G G T B W H T B D M Q D
S I L V E R T R K W J I D
Y C M V G N L F T I A M L
K H Z K M K A D A M N J J
B I J Y W Y E H O T K G M
P L N T B M W N A G H M Q
S D J T D D H X N O E D
A R Q R R S O W S B D L R
V L I N U U L L M U R S D
I B P C S B W X A O S Y R
O V M E H Y I J W N J E P
R D S L D X D E P T D N J
W X Y N T B B B D S D V S L

Christ Is Precious

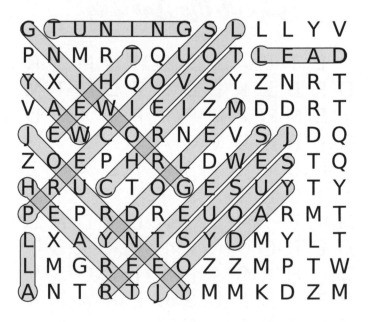

G T U N I N G S L L L L Y V
P N M R T Q U O T L E A D
Y X I H Q O V S Y Z N R T
V A E W I E I Z M D D R T
J E W C O R N E V S J D Q
Z O E P H R L D W E S T Q
H R U C T O G E S U Y T Y
P E P R D R E U O A R M T
L X A Y N T S Y D M Y L T
L M G R E E O Z Z M P T W
A N T R T J Y M M K D Z M

Christ Liveth in Me

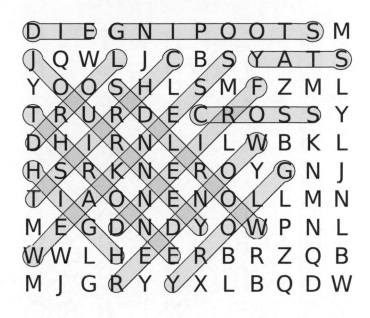

Christ Our Friend

```
T J Q X R K B D G B R L
N T N L Z G R N Y T I L
S A L V A T I O N V I H
C M K W G B J W E G E T
N O T W O R D T H A H D
W W U S X V H T R G K Z
D O G L I Q N T I D B Y
S N D P D R Z L E Q V T
I Y U J N Y H A D Z D S
N B G O L K D C B R E B
N P W Z F Y V R R E X Q
```

```
D I E G N I P O O T S M
J Q W L J C B S Y A T S
Y O O S H L S M F Z M L
T R U R D E C R O S S Y
D H I R N L I L W B K L
H S R K N E R O Y G N J
T I A O N E N O L L M M
M E G D N D Y O W P N L
W W L H E E R B R Z Q B
M J G R Y Y X L B Q D W
```

Christ's Love Is All I Need

Close to Thee

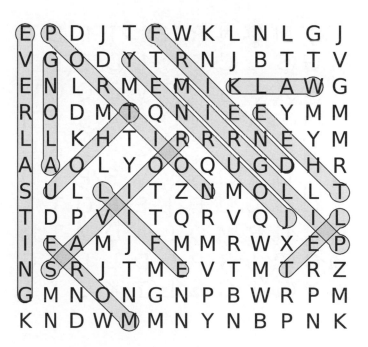

Dare to Be Brave

```
D M R S T H G I R V
W W Q D T H G I F B
C R Y M T R U E B T
A G O L T M I R Y S
P S P N E S A V I R
T E T R G V I N E P
A R D R E T A R Y V
I A A R O U T R H L
N D T E O N D B B C
R N P Y F L G W P D
```

Day by Day

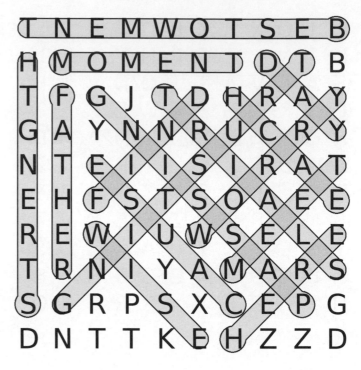

```
T N E M W O T S E B
H M O M E N T D T B
T F G J T D H R A Y
G A Y N N R U C R Y
N T E I I S I R A T
E H F S T S O A E E
E W I U W S E L E
T R N I Y A M A R S
S G R P S X C E P G
D N T T K E H Z Z D
```

Deep Settled Peace

```
T J M Q N R H L T P B N
T G S L C E O L D E E P
H S X E A R E V D Q Q W
G M I R T N O E A S V N
U E T N K T T S A F R Q
O R O X C S L V S P T D
S C D U E I E E Q T Y
E Y Y U R M O L A D M T M
B O T I R P C D L L X G
S Y H J G E L T K G T J
```

Do You Know the Song?

```
T N E H W M A X J G G L
H J A B P N E C H O E D
G K W B G Z S Q R N N D
I M O E O A P I D Q K M
N G L K N V E S O N G N
A S E G Y H E G G T Z X
Q V B W T C E X N Z B D
G K O L T N I A J A Z V
K N O A P D Y S R W R R
K N H J Q V R N U T D B
G T G N B Z M B V M H D
```

Don't Let Your Light Burn Low

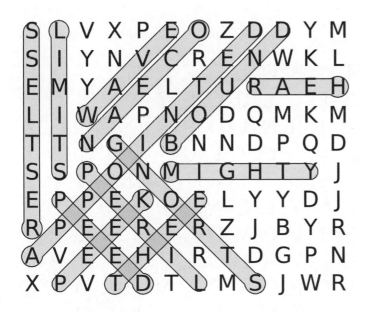

Down in the Valley

Eternal Father, Strong to Save

Eternity

Even Me

```
G N I S S E L B R V L Z L
R N G P G Y M Z Y A N P B
B B B K J Q E P X Z E T R
L J M N L Y R B V R H H T
Q O B B R V C R E I J T N
T X R Y Y K Y F R T L R B
L J J D L H R S A Y H M Q
F U L I J E T L K R J O B
B D D R S Y V D E B T E U
B M N H F B D R Z T E T R
V Z I A G A L X T R L L N
R N P M L B L T F M R R X
G W Y Z T L D L R J R Q D
```

Everybody's Friend

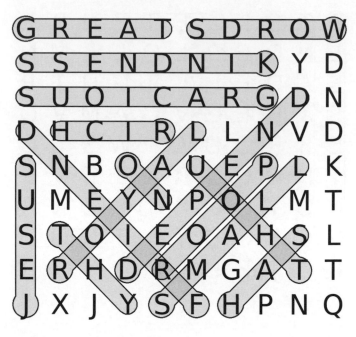

```
G R E A T S D R O W
S S E N D N I K Y D
S U O I C A R G D N
D H C I R L N V D
S N B O A U E P D K
U M E Y N P O L M T
S T O I E O A H S L
E R H D R M G A T T
J X J Y S F H P N Q
```

Exalt the Lord, His Praise Proclaim

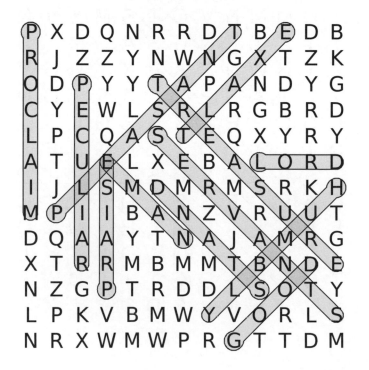

```
P X D Q N R R D T B E D B
R J Z Z Y N W N G X T Z K
O D P Y Y T A P A N D Y G
C Y E W L S R L R G B R D
L P C Q A S T E Q X Y R Y
A T U E L X E B A L O R D
I M P I I B A N Z V R U U T
M P I I B A N Z V R U U T
D Q A A Y T N A J A M R G
X T R R M B M M T B N D E
N Z G P T R D D L S O T Y
L P X W M W P R G T T D M
```

Fairest Lord Jesus

```
T Y R O L G Z N M L T X R
S E L L U O S Y X M L G H
E J R N L D P R O G M S X
R N O U T L U J O J I D Z
I S D T T L T D N R V V Z
A N Y L E A D P E W X P R
F T V R M Q N H Y N O R V
L L R L Q C J M V T D R
B O R O N O H V E A D Y C
Y R T H O U G N K S N L L
B D J T P L Y K J K U R P
J W W M M R D M M B M S M
```

Far and Near

```
P S J V Z Z W V M S Q N L
G L E A M I N G U Q Z B J
R O R B T G G N R P R R L
D P N H G N N D T R K M Q
T E D E I Y D N N W A Y V
P Y Q M A V B Y R P R F P
Y L E Z F R N I S E V A W
D E A G Z I P I T M R B Z
T K N I O E E T A P X P M
B B B Y N L T L X R Z T R
Y K G E R P D Q D L G K M
X N D M K B J T Y S V B T
```

Father of Heaven

```
L M B E X T E N D M
W O L E T H Y N F B
Z H V V F Z U A W F
E Z O E T O T R O K
Y N M S F H R U G E
L M O O E S N E V Q
A D R R S D L O D D
M P N V H N L U Y Y
U J J E Y T A W O T
H T R D B B L R T S
```

Father, We Praise Thee

```
L A C T I V E E M N T Y Q
R U R P O G R N O B R N W
E Z F V R O M I R G L D D
H P E H F A T Z N N Y N J
T R R E C A I I T H G I N
A S B A T T G S R Y L W X
F T T I Y N A E E D M R D
R H D A I E F W K V J Q L
Y E J S N F B E R O D A T
M E R L O D R B Y L Y T R
```

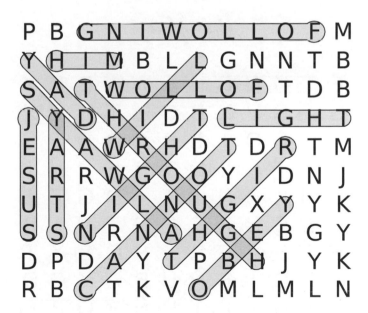

Following Him

```
P B G N I W O L L O F M
Y H I M B L D G N N T B
S A T W O L L O F T D B
J Y D H I D T L I G H T
J E A A W R H D T D R T M
S R R W G O O Y I D N J
U T J I L N U G X Y Y K
N R N A H G E B G Y J
D P A Y T P B H J K
R B C T K V O M L M L N
```

For You and Me

```
T T E Y E M R T M I H
H A R N I A D L G J T
G H B G I W R N R J L
U T H O E V I T J L B
O T Y L V Z I H H D L
R L L D A E I D M P Y
B O K M N G O O D M L
Q V A O H G R I B B N
B E S K T F E Y L N R
```

Friendship with Jesus

```
J O L U O H S Y L V J N N T
J J Y W R G P B X R B B T B
T L Q P E L Z M L L G K L S
N Z M I C N N G T E Z W Y W
P L N H M O I W R V S E Y F
T Q N S W M M N Z E S R J
N N K W Y X Z M B T N I E X
H Y T O V D V L U M E L T D
K A N L N D I V I N E Y S G
B M V L D S K L D W I U M N
Y P Q E S X E A P D S O K J
L L R F D A G P E E D N L
N W X X D G W G J W J Q L G
```

From All Who Dwell below the Skies

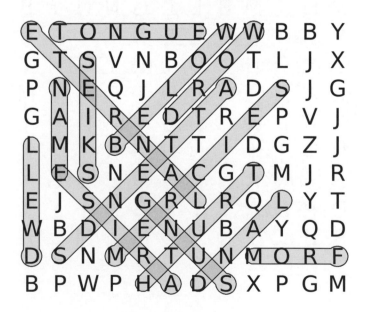

```
E T O N G U E W W B B Y
G T S V N B O O T L J X
P N E Q J L R A D S J G
G A I R E D T R E P V J
L M K B N T T I D G Z J
E E S N E A C G T M J R
L J S N G R L R Q L Y T
W B D I E N U B A Y Q D
D S N M R T U N M O R F
B P W P H A D S X P G M
```

From Every Stormy Wind That Blows

```
M T Y L Y L R Y Q R J Y M
E G R Y N Z D Q G D Y J M
R G N Y M R O T S E O W N
C R Q I L G Z Y G D Y M Z
Y T H L B G F Y B T Z W
D R R L L D O Q M I Z
Y A Q R E E R S U N Y P
R T A X N T T W S D N Y B
W Q E N D Z Y O R S E Y D
M Q E C A L M X E J A D R
Y O B Z B J R T Z A I T
Y R R R N L Y M M T T K
R P T F T Q Y R T R R B K
```

Gentle as Silence

```
E G B L L R H Q K R Y M L
C E D D S T R E N G T H Q
N N R E R G C B E A U T Y
E T E A S N I M N Y N Y R
L L E V E S O V T I D E Y
I E L S O M E E E M Q M L
S L S O E L D L H N Z Q K
B E O N R I Y O B D L X Q
Q B T V S D U N R J N G B
Z P T P E R R X D Q R R T
```

Give Me Thy Heart

```
G R A T E F U L L Y D M
P E V O L T R Y Q W I B
R T D F A T H E R H J Q
E R T S Y K N L T M T R
C Y E T R X R S N B B S
I K V V L E U R E P O G
O Z I W E R P V D F R G
U H G W T R O S T K I Q
S D E V A B E L I F Z N
B N P A A R Y H T H R J
P V T R R J T W W R W N
P J P W Z T N B Y K L M
```

Glory and Honor

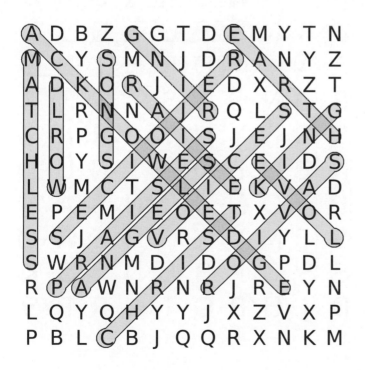

```
A D B Z G G T D E M Y T N
M C Y S M N J D R A N Y Z
A D K O R J I E D X R Z T
T L R N N A J R Q L S T G
C O P G O O I S J E J N H
H Y S I W E S C E I D S
L W M C T S L I E K V A D
E P E M I E O E T X V O R
S S J A G V R S S D I Y L
S W R N M D I D O G P D L
R P A W N R N R J R E Y N
L Q Y Q H Y Y J X Z V X P
P B L C B J Q Q R X N K M
```

God Be in My Head

```
G N I D N A T S R E D N U
N D W G R K T E D G Y R N
I M A N N R N E N Z M N V
K O P E A I P I D D V L L
A U T E H A K Y J M P Q D
E T H B R N M O L J B J X
H Y T I E I G O X P V K
L I H X Y N G R L Y Y Z
P N T J D E E P B D Q B V
G D O G T S D N L G Y Y D
```

God Be With You

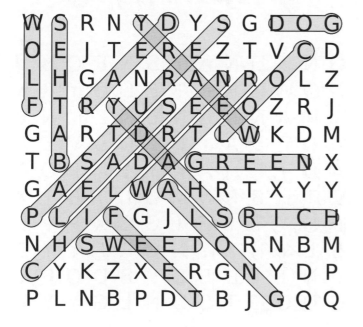

```
S H E E P N B D Y D R R B
R T N Z G D H S P M L X D
K Z D V R G E I Z M B O V
C Z D X M C O T S T V D F
D O B L U E I D N H T G Y
R E U R O L E E I J T G K
Z J E N L H D T A Q L I Z
D L R Y S I P K G J Y P W
Y Y T B U E V U A X Q O Z
X B X G N V L R T D T Y U
L Y M L X T R S L T B X K
```

God Is Love

```
C D X W R E E Y J P D S T
I R N Z K A J L Q Q E O P
S N Z A C R D J E S I N G
U E S H L Q Y N I T J W N
M N A W L D M A Q Y P L D
U P R R K T R A W A K E H
E N X R T P Q Y C A B E L
V L I J L H K O N B A D S
O X L T T G M D S R G O T
L W M D E E N Y T W U B Z
Q Z M Y W D M I N L E B W
R D Z Q K G P V R N X E X
G K Q R Z D Z B Y B Q Y T
```

God Leads Us Along

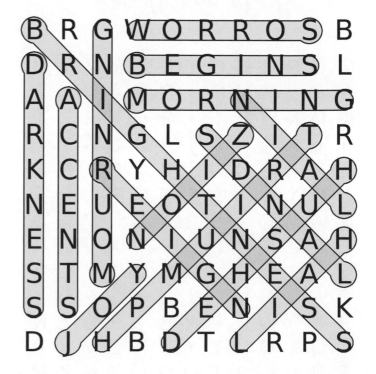

```
W S R N Y D Y S G D O G
O E J T E R E Z T V C D
L H G A N R A N R O L Z
F T R Y U S E E O Z R J
G A R T D R T L W K D M
T B S A D A G R E E N X
G A E L W A H R T X Y Y
P L I F G J L S R I C H
N H S W E E T O R N B M
C Y K Z X E R G N Y D P
P L N B P D T B J G Q Q
```

Hail to the Brightness

```
B R G W O R R O S B
D R N B E G I N S L
A A I M O R N I N G
R C N G L S Z I T R
K C R Y H I D R A H
N E U E O T I N U L
E N O N I U N S A H
S T M Y M G H E A L
S S O P B E N I S K
D J H B D T L R P S
```

Hark! the Herald Angels Sing

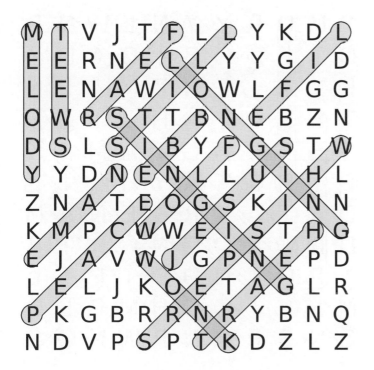

R M M N V D T N G T N Z L G
E E I D E N B L J A Z K J B
C H A L V W O T T L S L D L
O E L C H R B I X L P R N X
N L C O R Y P O O E D J N W B
C H O E R N M G R O J B T Q
I T R H S P N U Y N N N B L
L E P K E A K F I M E R C Y
E B I A Y I U R B R D D T D
D E C P N L X N A T T W Z Q
S E L G X V V Z H N M G G

Harvest Time

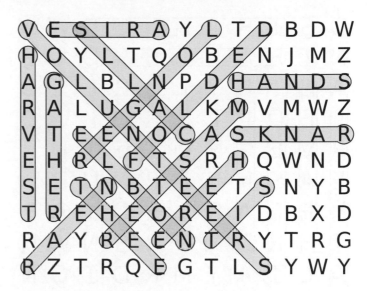

V E S I R A Y L T D B D W
H O Y L T Q O B E N J M Z
A G L B L N P D H A N D S
R A L U G A L K M V M W Z
V E E N O C A S K N A R
E H R L F T S R H Q W N D
S T N B T E E T S N Y B
T R E H E O R E I D B X D
R A Y R E E N T R Y T R G
R Z T R Q G T L S Y W Y

He Keeps Me Singing

M T V J T F L D Y K D L
E E R N E L L Y Y G I D
L E N A W I O W L F G G
O W R S T T B N E B Z N
D S L S I B Y F G S T W
Y Y D N E N L L U I H L
Z N A T E O G S K I N N
K M P C W W E I S T H G
E J A V W J G P N E P D
L E L J K O E T A G L R
P K G B R R N R Y B N Q
N D V P S P T K D Z L Z

He Lives

Y C R E M M B H N H T V L
D A K W S C H E E R A D Q
J D D D V Z A M Y V A D N X
R J N O L Z L J E Z R S D
O Y M D T O J V T F U T W
I M Y M H R K T A S I O Q
V Y G R I Q Z T E T R L K
A Y I S W P D J P R I L D
S S E Y D L R B A V I O M
T N M B R D R N O V G M N
B G T O W Y K I I Y X D Q
D W W Q D G C N K B Y B N
W L X Z R E G T T Y N N K

Heaven Is My Home

```
D S T R A N G E R W W
N T S A P R E V O I P
A N T R Y L Q R L I D
L E D E L R R D L W D
R E G M O T G J N R
E A S N S P R N U D H
H E E A H I E O I A R
T E R D M T R S N W H
A L T A Y M R D T O N
F L G J Y M N A M V D
V E K M Y L V E E G T
```

Heavenly Sunlight

```
S J E S U S P E E D
U W A L K I N G G S
N Y D F T R E Q N L
L O E H O S E I K E
I V E N I R A V N K
G E E M R T S I E S
H R O L N U V A A N
T R I U A I O I K M
P A O N D V D J R E
F M N T N Z T P D P
```

He Is So Precious to Me

```
T Y M Z X R V P E K M G B
P O E T I A W N D E N L V
A G Y R T B T Y N O J Y Z
T E N D R R T L V O K T
I P R N A G R J A R Y R K
E R L N I E D I G N W M Z
N R C R A H N Z J L I D D
T E V T E J S T O O D A B
L Y E J M L L N B X I K R
Y D D P A D P D U N Q X L
R T T X H K J Z M S Y T P
B D G V S Q K T V L Z D J
```

Holy Is the Lord

```
Y M D R Y Y Y N L W N R
O T L D O B J O A D X
R Y A J E N Z M I L N
T E R Q J A H Z T Z S
S S E L H C T A M P K
E I H W T A Y H L I E
D A T A Y R N E N A M
R W R O G N G R T R
J P O T N D D T E T L
M L S I O O H M P L Q
G N S R M N R W N Q S
```

Home, Sweet Home

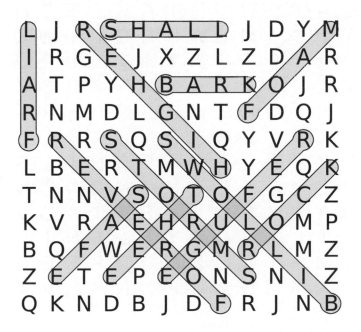

```
S P L E N D O U R D V D
L S S I N G I N G E T R
N W S E R H A L L O W Z
Y E D W C K D S M A O R
S E R U S A E L P D C N
V T I W Z W L E E O R P
L L B Z H M L A T G E B
J Y L E R B R T P M L W
Y E R A M E A Y O G Y G
S E H U R G J H N L W N
Z C H J E Y D Y K P T G
```

I Am Resolved

```
D R L E S E H I N R
A E H I W R H T E K
L G I N N G H S J S
L N G M I G O D G D
U O H L I L E N P N
R L E S V M I R O D
E D R E R H G B L J
D W D A T B L R D N
T Y H R Z E O J R K
J C X W R W L D V B
```

I Am Sheltered in Thee

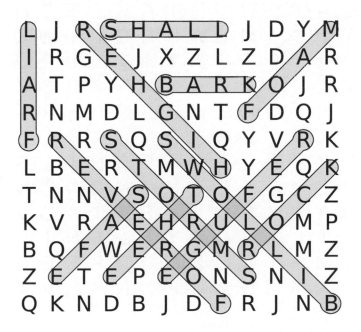

```
L J R S H A L L J D Y M
I R G E J X Z L Z D A R
A T P Y H B A R K O J R
R N M D L G N T F D Q J
F R R S Q S I Q Y V R K
L B E R T M W H Y E Q K
T N N V S O T O F G C Z
K V R A E H R U L O M P
B Q F W E R G M R L M Z
Z E T E P E O N S N I Z
Q K D N D B J D F R J N B
```

I Heard the Voice of Jesus Say

```
Q U E N C H E D B Z
L I V I N G C B G D
M Y D E T S K O E Q
A R R Q C L U V M N
E A E E R I I S L E
R E S E S V O P E T
T W T D E T L V G J
S A I R A A Z L R E
W B N Q C E A T N Q
B T G E D D H O X Y
```

I Love Thee

```
S K T E N G T E G P J
J A M U N K R V E R B
S A V I O O A R V N T
N D V I L H O E F Q B
L O N P O D T A W R M
L Y M A A U V I E R N
R I M Z H O R V W M Y
T H E E R Y O D N I K
J Y N B T L M M R D P
```

I Need Thee Every Hour

```
D B K D P M T Z G P W J
D Q J Y L W O H D G Z M
J Q Z Z N Y B S E L L E
G R A C I O U S T E K L
D X E J M W P L Y I Z Y
V E N D G R J R L R D E
C O C Y N N N B D R N R
Y A I A J E N N O I H D
D Y N C E P T F H O R K
V Y G M E P F T U O Q O
T M P L X A X R L D N G
```

I'll Live for Him

```
U O H T T Y D Y P K M B
K M F W V P E T W G L D
Y E T A R Y I T H O Y N
A V T Q I R D P V E L J
M E D W O T M E Y W E M
G R D I Q Z H B M A L Y
W I V O W J M F L I F E
Y A V Y G H G Q U M J J
S D M E B K O X Q L D R
D L X Q W H R P Y Q B T
```

In the Morning of Joy

```
L A T R O M M I A R I S E D
T L S J M L W R R G L T W Z
V R Y E T Z M Y J T T L P D
E W U S I J N K M V E R E R
J N X M R K M D S G R S R L
Y K V J P O S O N O T D L G
N X L E L E D A R R U J L H
R E M O L L T N O N G N T N
N R K X N O Y Y E T I A D Y
M T L A R G P Y J L E N J N
J M G T W G E E O D P L G G
M K M M D A Q R Y R N R S V
```

Is Your Lamp Still Burning?

```
N L X T T G N T Q R R U V N
R N I Z Y Z B B B A R A R Q V
M Z C G R B G J D N Z L X L
Q T X H H E V Q J Q J Y R
M B R M E T R R K P N L T T R
Y L T B M E B A B B T R R D
N K T V G B R E H C K T L Z
Q G K T E L N I E S S D D B
R V N A M I J F N I T F W B
M N R I G Y R Y R G A O E S
R E T H D E R H B I R A L K
R B T Y P I C Z R L C U R V
L E D L G V U E D O O A R T
D N R D L J R G N S D M N V
```

Jesus Calls Us

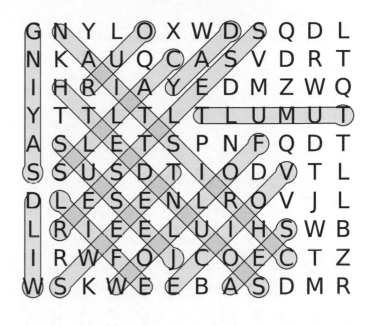

```
G N Y L O X W D S Q D L
N K A U Q C A S V D R T
I H R I A Y E D M Z W Q
Y T T L T L L L U M U T
A S L E T S P N F Q D T
S S U S D T I O D V T L
D L E S E N L R O V J L
L R I E E L U I H S W B
I R W F O J C O E C T Z
W S K W E E B A S D M R
```

Jesus Saves

```
C Q Q Q J C N E W S M
R B L E L Z L D G T B
O M S I D J N N G P G
S U M N L A I D N A L
S B D D M D E Z D Y R
L R S M I N H R Y Z N
S U O T Y S A E P V G
E C F N E W O R A S N
V B N Y N E A U N R R
A W J O O E P Q N Y D
W Q O B Y B J D S J D G
```

Joy Unspeakable

```
N H N N N K R W P J Y P M
A T Q Q R N H Q Y M Q
E V N S U P P L I E T H
R E S J Z J D C R L E G
F D R I E K O R N C E M
M Y N S T M J Y A E M
P Q U U P D D R T I E T
V S L L O J G N N M B D
M S E Y L F T D P D M W
M T A T Q E E A M Y M Z
E L R N E E L B L B L G
R Z N F D B X J T L D M
```

Just As I Am

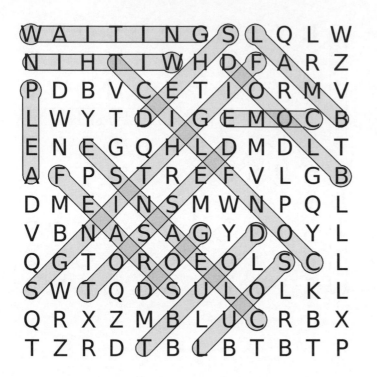

Just to Know

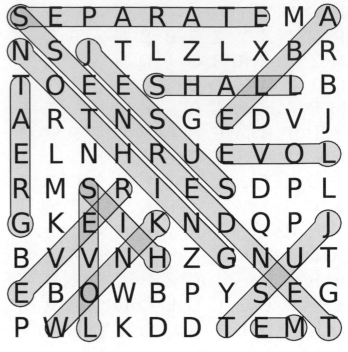

Kneel at the Cross

Know, My Soul, Thy Full Salvation

Labor On

```
R R R B D K V Z D J R G Y
Y N F I E L D A G E N R J
P R T B K Q Y T T I M P M
W N I A R G Y S D T V B T
O V Y T O J A V E B R E Z
R D R N W M H P O R I U S
K D E J L A I V E I T D E
E D Q E R R M A C V C L S
R Y M V H W P B Q A L E N
S R E Q R E D L R X L L Y
R S L L R B Q W N L Q L M
T Q M S R L Y P D M Q W J
```

Lean on His Arm

```
J V T T T H I D E Z R K P
P R O T E C T I N G W D
W O L L O H H L S B Y M
S G V D E A M E M G M M
B U Z Y N D G S T A N D
W N S D T A I Z Y Z T P
I A B E K H F B L K D G
N E M C J M G I A Y D Q
G L O V J P V I R Z K Z
S R V Z Z T L K M M Y L
```

Let the Whole Creation Cry

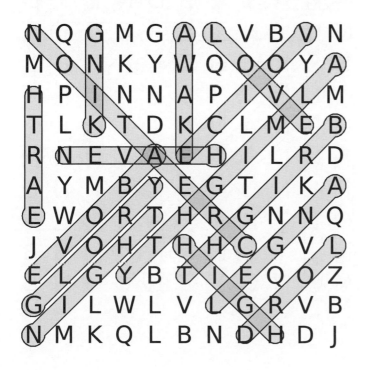

```
N Q G M G A L V B V N
M O N K Y W Q O O Y A
H P I N N A P I V L M
T L K T D K C L M E B
R N E V A F H I L R D
A Y M B Y E G T I K A
E W O R T H R G N N Q
J V O H T H H C G V L
E L G Y B T I E Q O Z
G I L W L V L G R V B
N M K Q L B N D H D J
```

Let There Be Light

```
D E E D S V Q Z G D Y P B Z
L X T J Y L T Z Y Z R T Q Z
T Y T L B V B M K W Z M Y T
W M Y P V J J Z O L N X H L
M I N I S T E R S D M O I K
B R P R Q C R T H Y S G Z B
H O N A A D M L H T H I M L
E N A L S D L U S T R X W E
A E M S O S M L X P D I A T
R M F G T A I Y D T B R B Y
T Q Z I N S L O D B T L O T
S B W I R V D M N N H T X L
M X T Z D T W J Y E L D Y L
K Y L P Z G S N Z R D N B N
```

Let Us Pass Over the River

```
B D L Y X S Y Q L R R
R R E B L L T S M S G
E D W T T D L I T R L
A T E E N A A I N J Z
S E E D I I R L E G P
T W V R N I A S G W W
S E T A P E U S H J Y
L D F S R S R E S T J
N N J A M G R G N I S
D B D T S E T L R J Z
```

Let Us with a Gladsome Mind

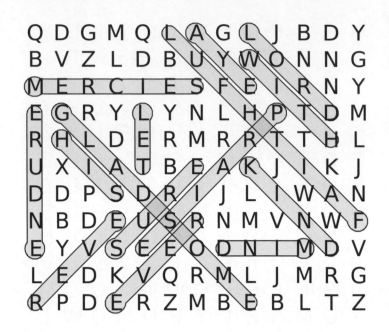

```
Q D G M Q L A G L J B D Y
B V Z D L D B U Y W O N G N
M E R C I E S F E I R N Y
E G R Y L Y N L H P T D M
R H L D E R M R R T T H L
U X I A T B E A K J I K J
D D P S D R I J L I W A N
N B D E U S R N M V N W F
E Y V S E E O D N I M D V
L E D K V Q R M L J M R G
R P D E R Z M B E B L T Z
```

Little Feet, Be Careful

```
D E H S A W L Z H T
Z J T J T Z H A J X
R B N E X H N T D D
M V E S E D E N O V
P O L U S T A M E B
Q T R S T E I R R K
Y H M N L H Y H R L
T I R C I D G O W M
D S L Z N N W I I Q
T Y X A G Z G H N X
```

Living by Faith

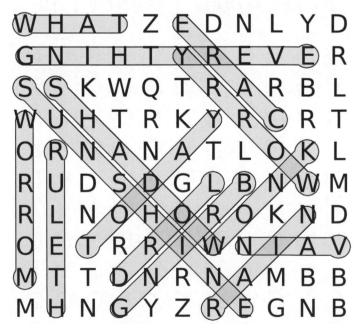

```
W H A T Z E D N L Y D
G N I H T Y R E V E R
S S K W Q T R A R B L
W U H T R K Y R C R T
O R N A N A T L O K L
R U D S D G L B N W M
R L N O H O R O K N D
O E T R R I W N I A V
M T T D N R A M B B
M H N G Y Z R E G N B
```

Lord, in the Morning

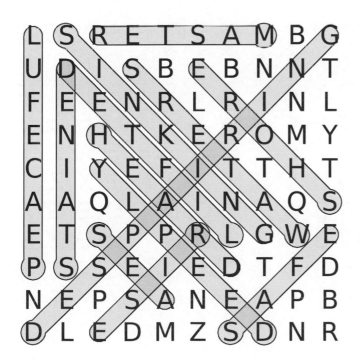

Love Divine

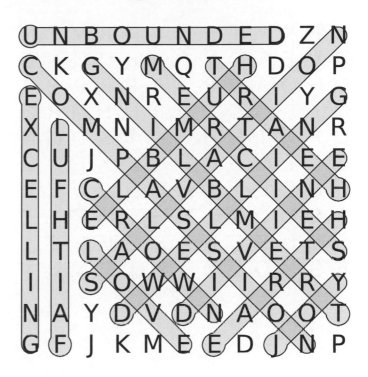

Love Lifted Me

Majestic Sweetness

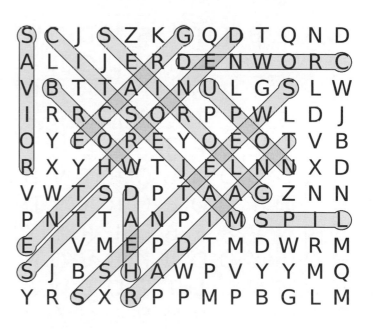

Matchless Love

```
T R K M T E U V M R M T N
C V E S D N P A B O U N D
D H O A D E T A P R P P R
N L R O C C N R C L M R Q
U P N I H H E N I S Q M G
O E L L S C E G A Y E Y B
F G E L I T H D D L Q Z Z
J S O O Y T H G I M P Y T
S V U S D N A B S U S E J
E S H O L Y R N J P X D J
```

Meet Me There

```
V Y F M T Y H H S D Q P B
Y Y A R B O A T N I G H T
Y Y I D M P O T G B D J D
W H T E P R K O S I T Y Y
W H H Y M B L W S C Y L M
Q Q F S B D H S E F I L R
Y F U Q E E O H B D V Y Q
M L N R L R M P O Y M P J
Z Z E E V E D R O U R B Q
V X E P Q B Y Y R R E P J
T S L T D V L J Z E E J
```

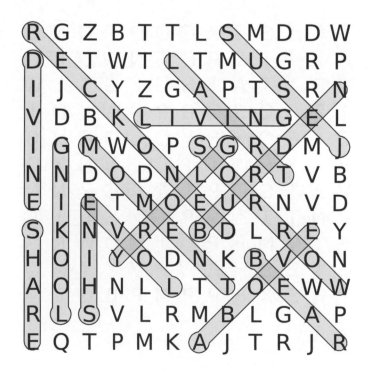

Moment by Moment

```
R G Z B T T L S M D D W
D E T W T L T M U G R P
I J C Y Z G A P T S R N
D B K L I V I N G E L Y
G M W O P S G R D M J
N I E T M O E U R N V D
E K N V R E B D L R E Y
S O I Y O D N K B V O N
H O H N L L T T O E W W
A R L S V L R M B L G A P
R E Q T P M K A J T R J R
```

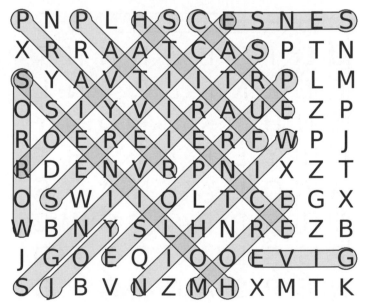

More Holiness Give Me

```
P N P L H S C C S N E S
X R R A A T C A S P T N
S Y A V T I I T R P L M
O S I Y V I R A U E Z P
R O E R E I E R F W P J
R D E N V R P N I X Z T
O S W I I O L T C G X K
W B N Y S L H N R E Z B
J G O E Q I O O E V I G
S J B V N Z M H X M T K
```

Music in Heaven

```
S R E P E N T I N G T V K M
G S R R R T M V D N V Q N
N T T D A B T X U N X G R N
I O M M R V I J X S B T E T
R R J Q S S E B M B I V D S
B Y L M A H E D L D A C W N
X C M V G M E R N E B E N T
V H I D O B M P H W E W L P
P O X H N T W L H T O T Y T
R I N N N P H T R A E J N P
D C W K T R Q R V R Z K D
K E N Q B B B D M X Y D G Q
```

My Faith Looks Up to Thee

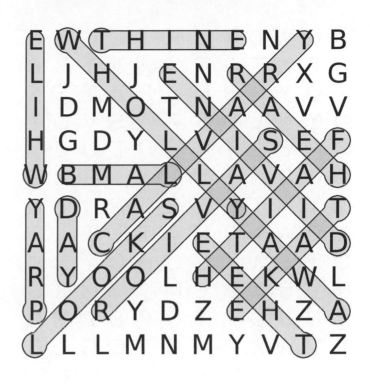

```
E W T H I N E N Y B
L I J H J E N R R X G
I D M O T N A A V V
H G D Y L V I S E F
W B M A L L A V A H
Y D R A S V Y I I T
A C K I E T A A D
R Y O O L H E K W L
P O R Y D Z E H Z A
L L L M N M Y V T Z
```

My Hope Is Built on Nothing Less

```
S S E N S U O E T H G I R
Q X T O D B Y W T Y T K L
L B R T W A L L N R B X B
R Z M H P T R N N L T K N
D Y N I S W E E T E S T D
R T W N B W B N M K D G G
Q K V G H U T A N N V L D
M G M O I E R S E S W Q J
K T L L M F V X U P Y M J
L L T A E Z N S W R O J Y
Y B N N P A E N Y B T H L
J L M D B J N B L V K K V
```

My Lord, My Truth, My Way

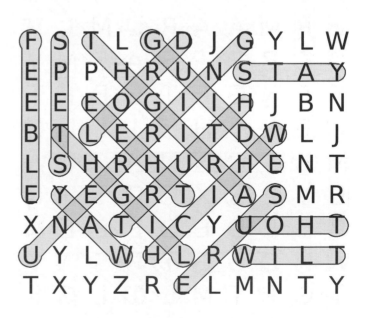

```
F S T L G D J G Y L W
E P P H R U N S T A Y
E E E O G I G H J B N
B T L E R I T D W L J
L S H R H U R H E N T
E Y E G R T I A S M R
X N A T I C Y U O H T
U Y L W H L R W I L T
T X Y Z R E L M N T Y
```

My Precious Bible

```
G O A L Y Z R T K G Z N
N R L T L T K W A Y R D
I Q Y G B M U R A T S S
N Y N L D S Z A S V O Y
R M E E I V H U E U Z Y
O W Q N T K N I L B N G
M Y M T R S E G N L N Y
Y B W A B U A T L I L T
Q T E W I G O H O Y N V
M L U X B L M J V M X G
C N P D L Y Q P P M N
L V W Z E N G T G G L G
```

Near the Cross

```
N S W O L F L T L Q
I J E S U S H R X N
A K F Q N E L S R Y
T H R O R E U P Y Y
N Z E E U O A R M S
U E P A I N S R T Y
O Y E C L S T R X P
M V E R O I E A E G
R R T R F A N E I P
P R C W M R K G Z N
```

Near to the Heart of God

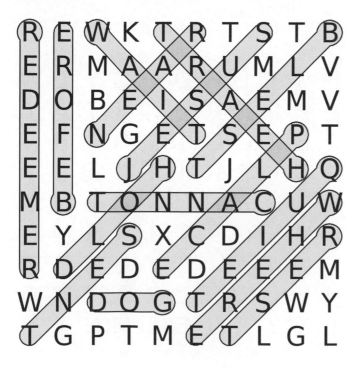

```
R E W K T R T S T B
E R M A A R U M L V
D O B E I S A E M V
E F N G E T S E P T
E E L J H T J L H Q
M B T O N N A C U W
E Y L S X C D I H R
R D E D E D E E E M
W N D O G T R S W Y
T G P T M E T L G L
```

No Night in Heaven

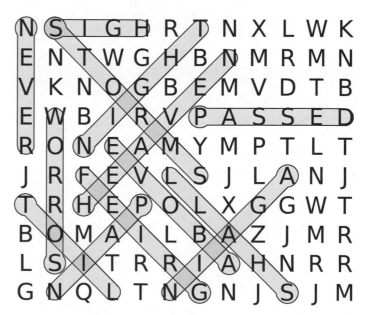

```
N S I G H R T N X L W K
E N T W G H B N M R M N
V K N O G B E M V D T B
E W B I R V P A S S E D
R O N E A M Y M P T L T
J R F E V L S J L A N J
T R H E P O L X G G W T
B O M A I L B A Z J M R
L S I T R R I A H N R R
G N Q L T N G N J S J M
```

No, Not One

```
L M D N G J R V Z N
I W W S E A E Y S B
K R L S W L B T J D
E B U L S O R O N V
D S N E O U N E U R
I M X L G W I K B T
U W U G D R L A E H
G O L Y F O N Y N M
S E Z A P O N K T M
S Z Q D T M B E B Y
```

Not a Step without Jesus

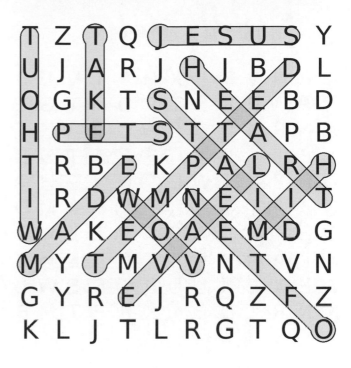

```
T Z T Q J E S U S Y
U J A R J H J B D L
O G K T S N E E B D
H P E T S T T A P B
T R B E K P A L R H
I R D W M N E I I T
W A K E O A E M D G
M Y T M V V N T V V
G Y R E J R Q Z F Z
K L J T L R G T Q O
```

Not One Forgotten

```
T H R O N E L N W O M T
B D Z Y G M G A I O J K
G P Y N T D D S Y J R B
S J G N D R U M Q O Y D
T G N N R M A K T T R B
E C N L I T B E D L B Z
E H T I R K N E H D B L
W O Y Y Y D A S A T Z X
S R J L E A B W R U L Z
L D K R O V S D N I T D
Y T G V Z R N Q K B T Y
G T G J T T D D V M L S
```

Nothing Between

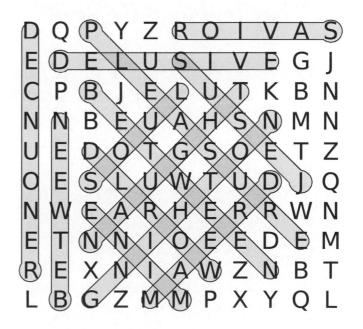

```
D Q P Y Z R O I V A S
E D E L U S I V E G J
C P B J E D U T K B N
N N B E U A H S N M N
U E D O T G S O E T Z
O E S L U W T U D J Q
N W E A R H E R R W N
E T N N I O E E D E M
R E X N I A W Z N B T
L B G Z M M M P X Y Q L
```

Now Rest Beneath Night's Shadow

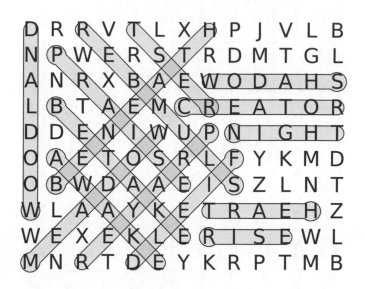

Now the Day Is Over

O Be Joyful in the Lord

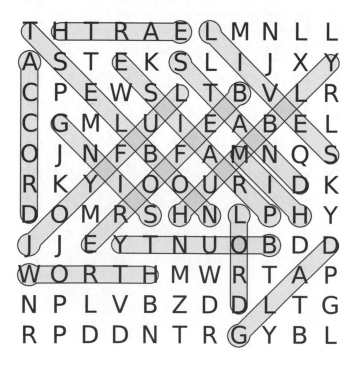

O Come to the Savior

O How He Loves Me

```
H Y N M P H L W N G N T K
I H Q Y E D R T P B X W N
S R A A Z E P T V R L P P
T E R V V P S H O U L D B
T T V E E J R D Z V D R M
L R N O R R J E T J O B G
T L W T L V P X C K M W M
B J G P M T B F E I Y Y S
J N V V O Q R N L G O E K
N J L N J I E M D G V U B
Z M N D E V M B Q O D B S
Q A D N L J O B L M W N Q
C J D R M T C Y B M N K E
```

O Perfect Love

```
T R U S T T T D Q C E Z B G B N
Z T N N N M R J Y N H F Q K V
M G X Y J T R G D R J A I K G N
L T H R O N E U N L E T R L R T
T E N D E R R L N R W R W I R P
Y P R D B A R N O B Q V N A T N
G G Y N N W J M C D R K N Y B Y
G J M C E L R N X R T S X N M D
L B E V Y A B W P C J L N Z R
K Q O Y V R P Z J E R N P V E L
T L M E U D L M N R E Y A Y M Y
X X R S E Z R D B F X V A M Z K
B O S E M V I Y K E R R O P U Y
F A N Y W N L J Z C P M G L V H
Y K Y N G M R M L T Q L M Q D X
```

Only a Step

```
G N I V O L D B R D L N B
B Q C M G M J X N M M X M
D T R R R L T X R W G Z N
P N D T U P X A B Z B E N
Y L N O P C E J R X K Z R
M L M Z E H I E R R R N L
Z Q B S T W M F A D V P L
K P T A S A N H I O T R J
V Y T V S Y P S I E Q R E
G B Y I D W U C V D M N
T Z K O L S E D J E O J
N R E M D E J C B R B
J B Z U R J Y B T J J O Q
```

Open My Eyes, That I May See

```
I R E A D Y O Q E L K P J
L K R K K P D T U Y N W X
L L P R E M P F D L E P D
U B Q N W G R B N Y N S X
M J K S S E S P M I L G V
I Q T D D S I L E N T L Y
N Q Y N B R U T E C A L P
E Q O A T N O W R R Y W D
D W Y H C S P I A U N W D
T Y K L N W A Y V I T R L
Q B A L X T R H V A T H M
V S N X T N V I B D S L W
P N Q W L R D D Z M P N K
```

Out of the Depths

```
L R G N V V Y J W D R R G M
O A W N E Y C R Y N V Q V P
R E L K I T T Y M N V N T T
D O W N K V S Y C R E M H M
P J N D W H I I W Z B G T S
K D S Y P N I G L G I N T K
Y E N H G I S G R R B A B R
Q P L R O Y M A H O N K A L
N T B K P U C R J D F E L Q
L H B Y J E L V Y Y H D M K
L S M E L N N D K R A M N D
T Z G R N D Q V P M D M Y
V Z Y G W D W G B N Q J Q M
```

Pass Me Not

```
T P D X G L Q R X D V V
E Q E D J G N S V P J X G
L P E D M L A I N Q W P Y
B M N L M V O P L P E R W
U O L I T D V J L A Q J
H T O H E P W I E A T W
T R E Y A L H H Y R C L
T R J S N W T K A G M B
S J S Q P M N N T L L T
W G Q N Q Y Y D E H X Q
R T R N T N R N M G O X
J V N B K B V R K T M U
```

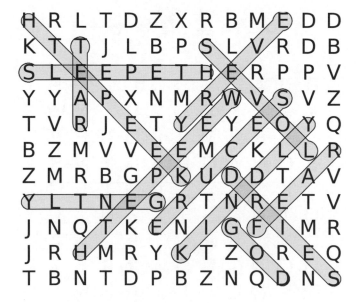

Peace

```
H R L T D Z X R B M E D D
K T T J L B P S L V R D B
S L E E P E T H E R P P V
Y Y A P X N M R W V S V Z
T V R J E T Y E Y E O Y Q
B Z M V V E E M C K L L R
Z M R B G P K U D D T A V
Y L T N E G R T N R E T V
J N Q T K E N I G F I M R
J R H M R Y K T Z O R E Q
T B N T D P B Z N Q D N S
```

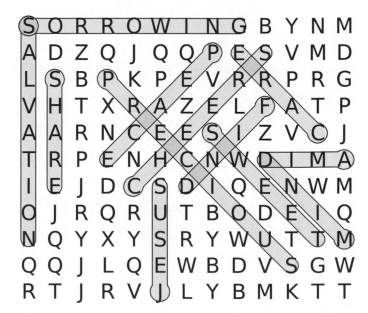

Peace in Jesus

```
S S O R R O W I N G B Y N M
A D Z Q J Q Q P E S V M D
L S B P K P E V R R P R G
V H T X R A Z E L F A T P
A R N C E E S I Z V C J
T E N H C N W D I M A
I J D C S D I Q E N W M
O J R Q R U T B O D E I Q
N Q Y X Y S R Y W U T T M
Q Q J L Q E W B D V S G W
R T J R V J L Y B M K T T
```

Peace, Perfect Peace

```
L R X Z J B Q L T L S P
T H R O N G I N G R E D
K R A D E J W X E R U B
M D R C E I D P F T Q R
G J A S L E S E I B S W
L E U L S I C E D I I P
P S R S H T S Y H T Y M
Y D E W L B Y T H B P N
T R L Y R W L I W J T R
P Q Z R Y K N O T S E R
L K T V O Y J Z O Q L R
J W L J K W W T Y D Q Z
```

Praise the Lord! O Heavens

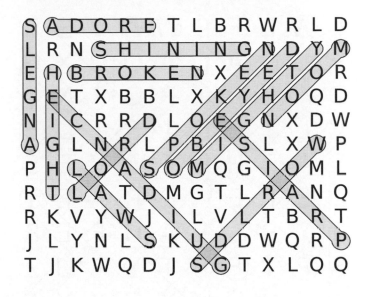

```
S A D O R E T L B R W R L D
L R N S H I N I N G N D Y M
E H B R O K E N X E E T O R
G E T X B B L X K Y H O Q D
N I C R R D L O E G N X D W
A G L N R L P B I S L X W P
P H L O A S O M Q G I O M L
R T L A T D M G T L R A N Q
R K V Y W J I L V L T B R T
J L Y N L S K U D D W Q R P
T J K W Q D J S G T X L Q Q
```

Prayer Is the
Soul's Sincere Desire

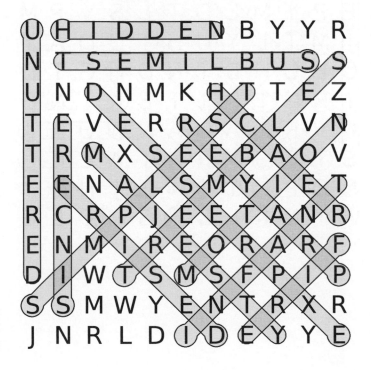

```
U H I D D E N B Y Y R
N T S E M I L B U S S
U N D N M K H T T E Z
T E V E R R S C L V N
T R M X S E E B A O V
E E N A L S M Y I E T
R C R P J E E T A N R
E N M I R E O R A R F
D I W T S M S F P I P
S S M W Y E N T R X R
J N R L D I D E Y Y E
```

Precious Memories

```
S T H G I N D I M D T
O P R E C I O U S W X
M L M N Y S W T S M D
E D I W E R C T N O Y
W E P N Y E I E O E S
H R S D G L S L N O S
E C X L L E F N U E M
R A R N E O R L U P S
E S E A G G F R B N D
B S T J E N N N Q L L
S R R J J N K A U G V
```

Precious Words

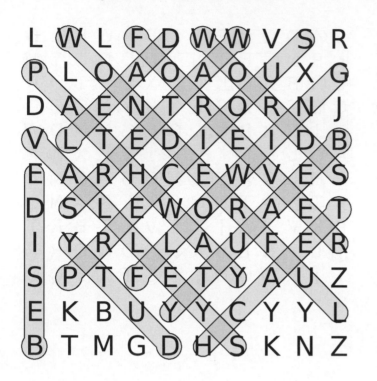

```
L W L F D W W V S R
P L O A O A O U X G
D A E N T R O R N J
V L T E D I E I D B
E A R H C E W V E S
D S L E W O R A E T
I Y R L L A U F E R
S P T F E T Y A U Z
E K B U Y Y C Y Y L
B T M G D H S K N Z
```

Ready

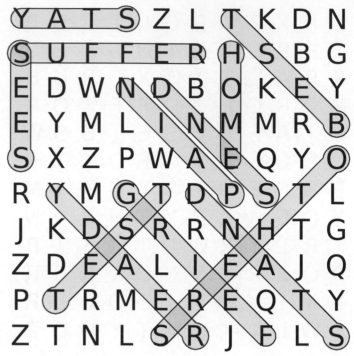

```
Y A T S Z L T K D N
S U F F E R H S B G
E D W N D B O K E Y
E Y M L I N M M R B
S X Z P W A E Q Y O
R Y M G T D P S T L
J K D S R R N H T G
Z D E A L I E A J Q
P T R M E R E Q T Y
Z T N L S R J F L S
```

Redeemed

```
Q L Z J B B L E B J Q G K M
M L K B M M Q L L J G B D M D
W P K B Y V T B J Z S J L N
S I N G I N G U W O D Q N X
G E T G L T J O R Y A D O T
N R N E L P W R Y L Z Q B R
O E R I E O O T N A E V O L
S B E E V W R R Y G W B T L
Y M N B D I S Y J T I A D V
W J M Q N E D Z S J Y S A N
Z R T T Y T E R L R R N E E
J R L V J O H M T L I D N R
D L B M W C Q L E S J I R B
D P P Y P J Z V H D M B P D
```

Rejoice in His Great Name

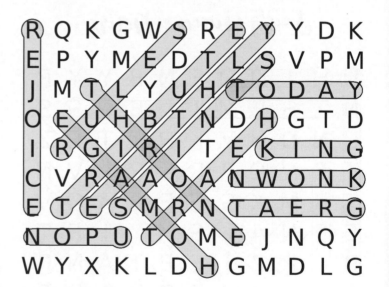

```
R Q K G W S R E Y Y D K
E P Y M E D T L S V P M
J M T L Y U H T O D A Y
O E U H B T N D H G T D
I R G I R I T E K I N G
C V R A A O A N W O N K
E T E S M R N T A E R G
N O P U T O M E I N Q Y
W Y X K L D H G M D L G
```

Rejoice in the Lord

```
D R A C C O R D N T G L
P E E T Q Y G A E V Z N
R D L J N L M L O R U O
A K K I O E O I B M L V
I T Z R V I C R I J G Z
S L Y K T E C H D M X Q
E A E R S A R E N I P G
R X D H K M E E J L Y B
Z E N J T M X R B T R D
R V B M N Z L M G Y X K
```

Rejoice, the Lord Is King

```
E R O M R E V E A D O R E
Z L X Y V J P Z J J J J J
L Y O E C I O J E R G L G
Z U T Y Q J T T P A O N Y
R T N P P P R R W I R I J X
T V F X M I Y N D S N V L
Z H P I U X H E G B O G Q
N T A M L R E B V I Y J J
D B P N D L A Q C I I M Z
M H D Y K K R E L N G M R
G B D K G S T L G B L M R
```

Remember Me, O Mighty One

```
S T O R M S X R S Y Y Y D R
S N L M T K M W Y P J B J
B E N K K Y E X G N N D B Q
T R C S R E T P M E T K P
L G Q I P L J B B R E G X
M O N I O D R B R E N D V
W N N I T V W D P I N K K
A G S E L X N I L U P K Q
T Y E Q J L N L O W M J M
C D R G Y G A R T N H R Z
H W I W Q F A C X N L E M
N J I F R X R R D N B Y T N
```

Rescue the Perishing

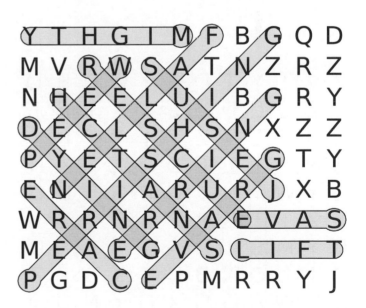

```
Y T H G I M F B G Q D
M V R W S A T N Z R Z
N H E E L U I B G R Y
D E C L S H S N X Z Z
P Y E T S C I E G T Y
E N I I A R U R J X B
W R R N R N A E V A S
M E A E G V S L I F T
P G D C E P M R R Y J
```

Rest for the Weary

```
R X R G E E Y F M D
E C T O R M U W V M
M L H E I L O Q L T
A L L H R F V B H S D
I T A I I E A E Q J
N G L N F S U S G B
S L O O D Q T L M R
N O R N E K O I E Y
T E U R E R K S A N
R R K L Y T T W L N
```

Ride On, Ride On in Majesty

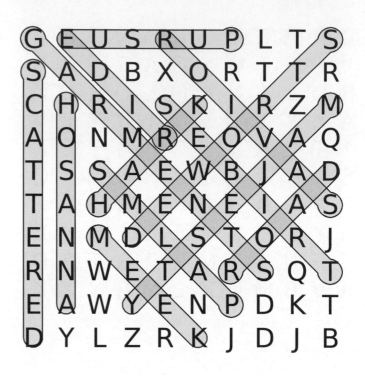

```
G E U S R U P L T S
S A D B X O R T T R
C H R I S K I R Z M
A O N M R E O V A Q
T S S A E W B J A D
T A H M E N E I A S
E N M D L S T O R J
R N W E T A R S Q T
E A W Y E N P D K T
D Y L Z R K J D J B
```

Ring Out, Wild Bells

```
B V T Y T D G Y W D B L
C L O U D M L N X Y E J
L B T L V Z T I I T R Y
G N T Y L F D H W Y K N
L Y W Y N V G B G S D Q
Y Z J T R R Y R E I Z V
B Y M S I D A T J L L D
D J L O N B H E K B L Z
Z V P R G G X D Y N Q S
D Y K F I W D K Y J D M
D K M N R R B X Q K J J
```

Rise, My Soul, and Stretch Thy Wings

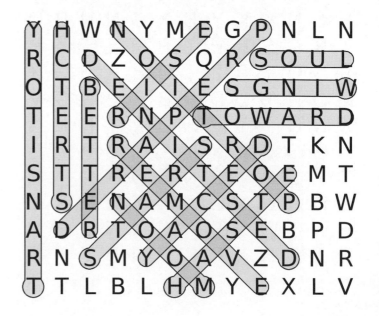

```
Y H W N Y M E G P N L N
R C D Z O S Q R S O U L
O T B E I E S G N I W
T E E R N P T O W A R D
I R T R A I S R D T K N
S T T R E R T E O E M T
N S E N A M C S T P B W
A D R T O A O S E B P D
R N S M Y O A V Z D N R
T L B L H M Y E X L V
```

Rise Up, O Child of God!

```
Z Q M E K I N G Z W L
T S V T X G Z Q G M N
Z A G G T L D T D L J
H T G N E R T S S J K
C N D S I G A E S I R
N H S O I H R E S G P
Q E I V N V T O H D Q
R J E L E E U D N I M
B P Z L D L T M R J M
```

Rock of Ages

```
D L F L R H H P N L Y D J
M L Q O I E L A D R E V G
N D I D D R A T E N N J M T
D F E E B E W A O D E M L
V L R O M O V T W R S D W
J U R O L A A E U Z T Z N
S F V F C D N P R Q T T
C A G N G K R D Z E A T
U V J X Q N Y S R A E T
R P N E M Q X B M J W G J
E R M B T D L T M K R W G
```

Round the Lord in Glory Seated

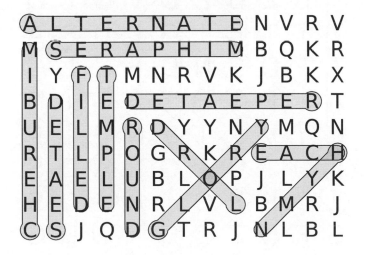

```
A L T E R N A T E N V R V
M S E R A P H I M B Q K R
I Y F T M N R V K J B K X
B D I E D E T A E P E R T
U E L M R D Y Y N Y M Q N
R T L P O G R K R E A C H
E A E U N L O P J L Y K
H E D N R L V L B M R J
C S J Q D G T R J N L B L
```

Safe in the Arms of Jesus

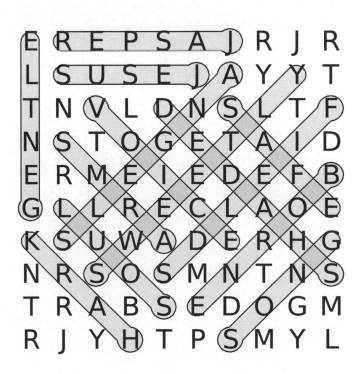

```
E R E P S A J R J R
L S U S E J A Y Y T
T N V L D N S L T F
N S T O G E T A I D
E R M E I E D E F B
G L L R E C L A O E
K S U W A D E R H G
N R S O S M N T N S
T R A B S E D O G M
R J Y H T P S M Y L
```

Saved, Saved!

```
N F Y L R E M I L B U S
D R R M I G X C B S N T
I F T I R F O Z A J O Y
V K O A E M T V L L Y V
I S C U P N E E O D Q L
N E W L N D D V D N G Y
E T E E T D E R Z P J L
M T A R E X F T M Q Q R
E N U H R T I W N T D N
D E Q N W Z L X Q R K D
```

Savior, Lead Me, Lest I Stray

```
W X R V Z L Y P Y N R K
M Y X B Y L E L X R Q J
N A W O U L D S T P T D
W B E S R Y T N T N W L
O L M R A A E F A S E B
D Y R R T V B Q M L T G
W J T X X S I L J B M
D S D A E L S O D R D D
J D N M L G V I R E Z
L R I X P E M T D Y P N
W T W Z Z X Y W M E L T
```

Savior, Teach Me

```
S E V O M L S E R V E J
A K M V X Z O Q N X G Q
V R N M G M Y V Z M M Z
I L Q Q X N Y J I J J V
O M G W T Q I W L N R N
R T J E Q P Y D R G G G
T F E Y R R T T D L D F
T W O O D H Q E E I I B
S B M L E K O S A R B M
Y P I A L B S G S C G G
T H R L E O L T Q W H R
C T Q Y N W W Q R W L X
```

Seeds of Promise

```
R T A H W S W N N B
E B L B E D V O L Q
T T T E T G L U R A
T F D S N D F E L G
A S E I E T E O I N
C Y V R I V N E I F
S O I U T G R A D S
L D R E Q I R A O S
G F N Z L G L W H G
L W M A D D N E Y J
```

Seeking for Me

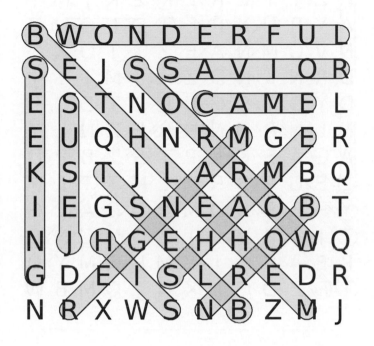

Shall We Meet
Beyond the River

Shepherd of Tender Youth

Sing to Me of Heaven

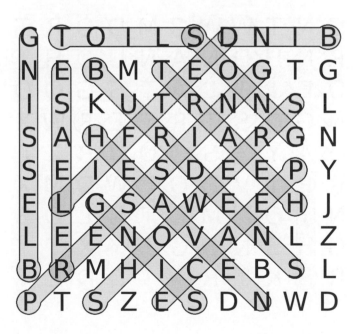

Sitting at the Feet of Jesus

```
G Y W L X P N M M V T T Q
V N A N R Y R N Q Z Z R R
X G I H I S Q M G M T Y D
N X T T W X T Q R Y M Y N
K G I W S B N E W F S E N
K M N A D U W L E I F E G
L E G Y R O R E T A C N B
K T E R P D T T S A I N Y
G Z N P V D I S R H J A Y
E H T Z B N U G C L D N W
V X B N G S Y T J M L M N
V X Y X E P A Z D X J K L
T V Y J M W W L J Z W L R
```

Sometime We'll Understand

```
P R A I S E B R B X L N M Z
H Z T Y L R L M J D M T
A Y R U X R E T D L O H Z
N V Q M N A E Z I Q X Z
D R N K N D Z A Q M J Y J
D Y D I S G E R D T E D L
N L N R T N N R E Z N L Y
A G A S K L P I S T B P D
L E U P S R L M L M T T L M
Y R R R K D M Y D O A E G
T J A R V L J Z Q M C N B
R E A R J J Y M B W M Y D
T D Z D G L K N J Q M B W
```

Stand by Me

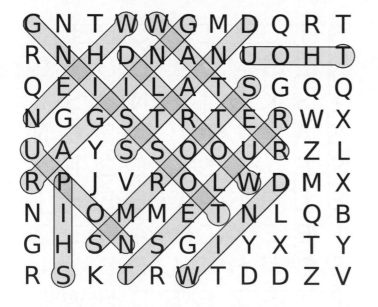

```
G N T W W G M D Q R T
R N H D N A N U O H T
Q E I I L A T S G Q Q
N G G S T R T E R W X
U A Y S S O O U R Z L
R P J V R O L W D M X
N I O M M E T N L Q B
G H S N S G I Y X T Y
R S K T R W T D D Z V
```

Stand Firm, Be Not Afraid

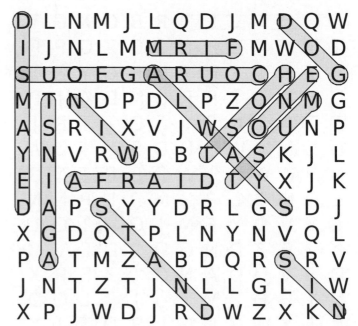

```
D L N M J L Q D J M D Q W
I J N L M M R I F M W O D
S U O E G A R U O C H E G
M T N D P D L P Z O N M G
A S R I X V J W S O U N P
Y N V R W D B T A S K J L
E I A P S Y Y D R L G S D Y
X G D Q T P L N Y N V Q L
P A T M Z A B D Q R S R V
J N T Z T J L L G L I W
X P J W D J R D W Z X K N
```

Stepping in the Light

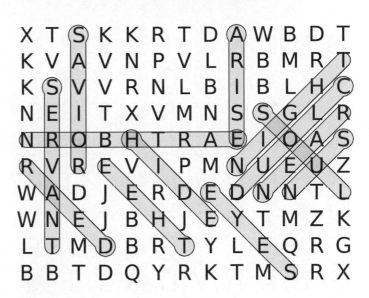

Sun of My Soul

Sunlight, Sunlight

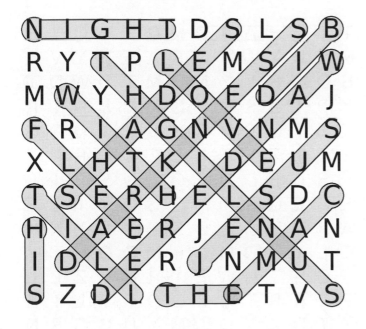

Sweeter Than All

Take My Heart, O Father!

```
G N D N L T P K R N
N K V N H O K U S Y
I R M I Y R W T R E
N P N W E L O L C E
R R E R H L N O A Y R
U T T O E Y E H E L
T A R R U P G K N P
F Z K A V D A Y E U
T L E M E T R E Z M
L J D G Y H K K T Q
```

Take Time to Be Holy

```
L T J T T M C N O T H I N G
R Z J G K L H Z W Z N B
G L N A J N I T W L D Y N J
L N E M B N L M O L N R M
J P I D Y A D H Z Z Q Y O Q
S G Q T L F R I E N D S B L
K V L W T F E R V K J L N R
T E A R E E N D Y Z E N M D
W Y E E A M G T D S D W
S M D S L B R R S V M P
T P Q M M D I I O M O D Y L
J Y K W K Q N D Y F W
Y V M L Z G K T E W D N X W
```

Tell It to Jesus Alone

```
G K T K T X N Y N R R Y N
N M J M Z R B B D J L M Z
I V B B Z M R D T B D G R
V B R O T H E R J W G G N
E P Y J W D N J E E J P J
I D E T R A P E D H S L J
R W R Y N K D Y Z J T U G
G E D Q V E N A K S J O S
J A K N T A L P Y N P M J
L R N R E O E O L J O V Q
Y Y A N N I J H X R Y W G
G E N E T G R R B W L Q N
H K N B D R Q F R B M B N
```

Tell Me the Story of Jesus

```
T J H E A R D M D Z B Q Y B
M S B Y W A T R A E H Y V K
B D W R Y Y N D M T D W D T
Y P I E R T L G M H E N I R
Z T T O E V S R E L T D Q G
E T T T Y T L E C L I R N T
P S B P D D E O H N S P I L
E G L O R Y M S G G K J G B
A R M T S E D S T Y I X N M
C L Y U D M C B M D Q H T Y
E Q S T N W P I R G Y Z L L
P E R R T Y L O O P Y L J Z
J T D X N D W M Y U D N R L
T N X B R X N Y R G S N R L
```

The Beauteous Day Now Closeth

```
S B R L E S Z H R R L X G
X U V E H E T R F M B N Y
V B O A K E R A J T B W Y
S C D E S A L T H Y B D X
P E L O T L M A N I G H T
E R P O I U N G N Z K Q P
E E G N S K A H J W G D Q
R V G O S E C E I D M P B
C I B L O A T L B D O O W
R G D Z E D D H Y N D P D
```

The End of the Way

The Holy City

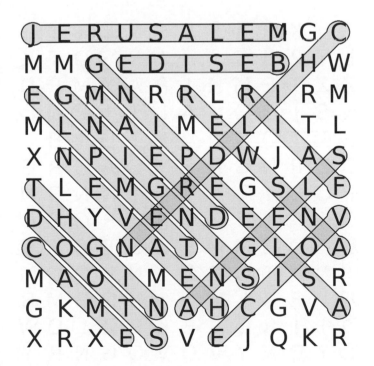

The Lord Is My Shepherd

Under His Wings

```
M L M B B B D S G T K E E P
T R D K Y G G X M L W D Y
R S V R X N N Z Y D L J G
K T U L E I I M L W N D N
X Y E M R R D W Y D V E K L
X Y M T Y T I E P R E D N U
Q P D H L B N E P W Y N Y
N E W L G A R E M L I C P
J S I O D I N Y E E H L D
N T D T N S N F T I D Z D
S S B X R K A Y L X T P J
Z N J R T S M D L K K T B
```

Unsearchable Riches

```
U D N B Z N L T A H T W N D
M N Q M P N J J X B K X G B
E Y S T R R S Q M Z T L M Q
X C L E Z D E E N T Y V Y Q
H R T M A Z N C H D D N N G Y
U E D G P R H T I C J I J Q D
M N D R R C H V O I P L T
S Z D R I A T H G M U R M D
T X Z S E L C O A Y R S Y J
L X T J A V L E D B T O L D
E B Z E M D E X G Q L K M N
S V W P K M W N K L D E D Z
S L J V D D Y R L Y Q K M N
```

Unseen, but Known

```
B L E S S E D L Y N L Q T
Y Z Z P Y J D K Q Y D P E
Y N B R Z V N Y R I X N R
L B X F A E M T E A I Y D
G T O L E D J V G H D T K
P R L W N B I E T S E Y E
M N T E R L D A S R V L X
Z E V D E M Z D N U N K J
B E K S M S N D Z T S N K
R D N N I G V E N D J N E
L E R Y N P X E M N C D
S J M N E A L N N S A R Z
M R J T P H T M X F L K M
```

Unto the Hills

```
T V K R A E K S N L T T G
L Y R R S K A J E S O T K
Z Z I E M H J R A Y M R D
N S J Q C G A L T J E N D
E H T O D N V L J H I B T
D Z R N G A E M L A Q R G
P O Q Y T N J H T N N B M
D J G I T Z I R W R G G D
D Z O C M M E G S L L L H
I N K T O C Q Z N L Q G M
A L F R L M J J Y O B M B
D I J R Q L E K R Z L Q W
L Y D N Y V Q V Q G N R Y
```

Victory Must Be Won

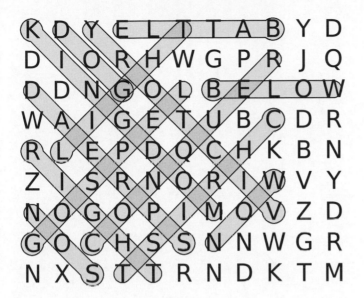